おいしいパスタづくり
12ヶ月

本多哲也
RISTORANTE HONDA オーナーシェフ

おいしいパスタづくり 12ヶ月

パスタの種類いろいろ P4
生パスタを作る P8
パスタのゆで方 P12

多種多彩なパスタの世界へ

1月のパスタ
カリフラワーと
ブロッコリーのショートパスタ P14
ゴルゴンゾーラとリンゴのペンネ P16
かきとルッコラのスパゲッティ P18
ベーコンと
ほうれん草のクリームパスタ P20
ほたてのクリームソース・
ファルファーレ P22

2月のパスタ
鶏レバーのフェットチーネ P24
ブロッコリーと
ムール貝のオレキエッテ P26
ジティ・ロングのアマトリチャーナ
 P28
鶏肉と玉ねぎのタリアテッレ P30
白いんげん豆のパスタ・
ローズマリー風味 P32

3月のパスタ
ジェノベーゼ・リングイネ P34
菜の花のフェデリーニ P36
新玉ねぎと
アンチョビのスパゲッティーニ P38
春キャベツと
アンチョビのフェデリーニ P40
フジローニのサラダ仕立て P42

4月のパスタ
ショートパスタ・アラビアータ P44
グリーンアスパラガスの
フェットチーネ P46
カチョ エ ペペ・スパゲッティ P48
グリンピースとハムの
オッキ・ディ・ルーポ P50
バジルとトマトのショートパスタ P52

5月のパスタ
ボンゴレビアンコ P54
いか墨とうにのフェデリーニ P56
いわしと
ういきょうのカサレッチェ P58
元祖カルボナーラ・
貧乏人のスパゲッティ P60
なすとリコッタチーズの
スパゲッティーニ P62

6月のパスタ
レモンクリームと
マスカルポーネのショートパスタ P64
そら豆とえびのタリアテッレ P66
ズッキーニと
スカンピのガーリックソース P68
釜揚げしらすと
からすみの冷製カッペリーニ P70
スパゲッティーニ・プッタネスカ P72

7月のパスタ
夏野菜のスパゲッティーニ P74
フルーツトマトの冷製カッペリーニ
 P76
かにの身とあさつきの
冷製カッペリーニ P78
マンゴーと生ハムのコンキリエ P80
あゆと万願寺唐辛子のフェデリーニ
 P82

CONTENTS

8月のパスタ

桃とういきょうの冷製カッペリーニ …… P84
うにとほたての冷製フェデリーニ …… P86
リングイネ・ペスカトーレ …… P88
いさきとドライトマトのチカテッリ …… P90
えびのマスタードソース・
冷製カッペリーニ …… P92

9月のパスタ

かぼちゃとクルミ、生ハムのラビオリ …… P94
ブラックオリーブペーストの
オッキ・ディ・ルーポ …… P96
ツナとグリーンオリーブのカサレッチェ …… P98
里いもと長ねぎのペンネ …… P100
鶏肉のパスタ・カチャトーラ風 …… P102

10月のパスタ

カサレッチェ・トラパネーゼ …… P104
ポルチーニとエリンギのフェットチーネ …… P106
マッシュルームとチキンの
クリームソース・フェットチーネ …… P108
きのこと卵のクリームグラタン …… P110
きのことサルシッチャのフェットチーネ …… P112

11月のパスタ

サーモンとうにのクリームソース・
フェットチーネ …… P114
じゃがいもとたこのスパゲッティ …… P116
かぶのジェノベーゼ・リングイネ …… P118
はまぐりのトマトスープ・コンキリエ …… P120
白身魚とポワロの
トマトソース・パッケリ …… P122

12月のパスタ

ベーコンと下仁田ねぎのラザニア …… P124
れんこんと
アンチョビのスパゲッティーニ …… P126
かにのクリームパスタグラタン …… P128
サーモンのクリームパスタ・包み焼き …… P130
スパゲッティ・ボロネーゼ
リコッタチーズ添え …… P132
ボロネーゼ …… P134

もっとおいしく！もっと美しく！

基本のソース …… P136
美しく盛りつける …… P139

プロフィール・店舗紹介 …… P143

おいしく作るためのCooking Memo

◆本書では大さじ1＝15cc　小さじ1＝5ccです。
◆材料は使用するパスタ以下は基本的に調理で使う順に並べていますが、塩、こしょうなど調味料の一部は、最後にまとめていることがあります。
◆文中のこしょうは白こしょうのことで、黒こしょうと区別しています。また、黒こしょう（粗挽き）と黒粒こしょう（砕く）もあり、使い分けています。
◆文中のEXVオリーブオイルはエキストラ・バージン・オリーブオイルのことです。
◆調理中に加えるパスタのゆで汁や水の量は目安で、材料に書かれていない場合でも様子を見て加えてください。
◆最後に塩、こしょうで調味する場合、必ず味をみて、その量を加減してください。
◆分量は基本1人分ですが、グラタンや包み焼きなど一部2人分になっているものがあります。また、ソースなどは作りやすい量になっていますので、残った分は冷凍保存してください。

【 パスタの種類いろいろ 】

パスタといってすぐに浮かぶのはスパゲッティかもしれませんが、ひとくちにパスタといってもさまざまな種類があります。
大きく分けると、ロングパスタとショートパスタがありますが、
世界中で食べられているパスタの種類はなんと300種類以上あるといわれています。
日本の家庭ではロングパスタならスパゲッティ、ショートパスタなら
ペンネやフジッリが一般的ですが、ソースに合わせて、いろいろなパスタを使ってみると、
いつものパスタがグーンとランクアップします。
パスタの種類とソースの相性を考えることも、よりおいしく仕上げる重要なポイントです。
本書では、できるだけ多くの種類のパスタを登場させています。
形はマカロニでも、その巨大さにあっと驚くもの、
複雑な形で、ソースをとことんからめるもの、
形が可愛いものなど、いろいろ使って、バリエーションを広げてください。

【 ロングパスタ 】

最もポピュラーなスパゲッティは直径1.4mmから1.9mmとちょっと太目ですが、この本では、直径1.6mmのスパゲッティーニや少し細いフェデリーニも使っています。その他、平べったいタイプ、極細タイプ、生パスタ風、マカロニを長くしたような珍しいものなど、ソースに合わせて使い分けてください。

1. スパゲッティーニ
2. カッペリーニ
3. リングイネ
4. ジティ・ロング
5. タリアテッレ
6. フェットチーネ

1. スパゲッティーニ
「ーニ」というのは、「細い」という意味。スパゲッティより少し細い直径1.6mmほどのパスタ。オイル系やトマト系のシンプルなソースなど、比較的どんなソースにも合う万能パスタ。フェデリーニはこれよりやや細い直径1.4mmほど。

2. カッペリーニ
イタリア語で「天使の髪の毛」と言われる直径0.9mmほどの極細パスタ。冷製パスタやサラダパスタにおすすめ。

3. リングイネ
「小さな舌」という意味で、スパゲッティを押しつぶしたような、幅1.9mmほどの断面がだ円のロングパスタ。魚介系、チーズ系、クリーム系などの濃厚なソースとよく合う。

4. ジティ・ロング
マカロニを長くした形状の穴あきパスタで、太目なのが特徴。こってりしたソースにもよくからむ。穴あきパスタにはブカティーニもある。

5. タリアテッレ
日本のきしめんのような、幅5mm前後の平べったいパスタ。タリアテッレはイタリア北部のパスタで、形状はフェットチーネと似ている。

6. フェットチーネ
タリアテッレと形状が似ているイタリア中・南部のパスタ。ほうれん草やいか墨などを練り込んだものもある。タリアテッレ同様にトマト系の煮込みソースやクリーム系、チーズ系のややこってりしたソースとの相性がいい。

【 ショートパスタ 】

ショートパスタは、その形状の多彩さに驚かされます。それぞれ、ソースのからみやすさを考えてさまざまな形が作られています。
日本ではパスタというとロングパスタが一般的ですが、ショートパスタは種類も多く、扱いやすいので、積極的に利用して、食べ比べてみてください。

1. ペンネ

2. フジッリ

3. フジローニ

4. ファルファーレ

5. コンキリエ

6. カラーコンキリエ

7. カヴァテッリ

1. ペンネ
両端をペン先のように斜めにカットしたもので、日本でもポピュラーなショートパスタのひとつ。コシがあり、コクのあるソースに合わせたり、グラタンなどにもよく使われる。表面に筋が入ったものもあり、ペンネ・リガーテという。

2. フジッリ
らせん状にねじった形でおなじみ。形状的にもソースがからみやすく、サラダにもよく使われ、応用範囲が広い万能パスタ。写真はオーガニックパスタ。

3. フジローニ
フジッリをひとまわり大きくしたらせん状のショートパスタ。切れ込みがより深いので、ボロネーゼなどもよくからみ、まんべんなく味わうことができる。

4. ファルファーレ
蝶の形をした愛らしいパスタで、リボンにも見える。コシがあり、オイル系でもクリーム系でもよく合う。

5. コンキリエ
イタリア語で「貝殻」の意味。その名の通り、貝殻そっくりの形状で、ソースや具を巻き込む。サラダや煮込み料理に使われることも。

6. カラーコンキリエ
野菜の色素を練り込んだカラーコンキリエは形だけでなく、色でも楽しませてくれる。

7. カヴァテッリ
カヴァはイタリア語で「溝を掘る」という意味で、溝の中にソースと具を抱え込む。チカテッリ（P10参照）を作る要領で手作りも楽しめる。

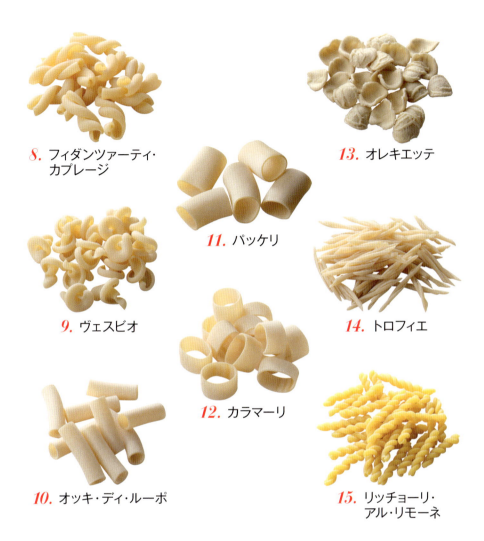

8. フィダンツァーティ・カプレージ

9. ヴェスビオ

10. オッキ・ディ・ルーポ

11. パッケリ

12. カラマーリ

13. オレキエッテ

14. トロフィエ

15. リッチョーリ・アル・リモーネ

8. フィダンツァーティ・カプレージ
カプリ島の伝統的なパスタで、具とソースを包み込む、太くねじった形のショートパスタ。

9. ヴェスビオ
複雑な形はカンパーニャ地方のナポリ湾岸にあるヴェスビオ火山を模したもの。その遊び心で独特の食感とソースがらみのよさを生み出した。

10. オッキ・ディ・ルーポ
マカロニよりも少し大きめのショートパスタ。もちもちした食感で煮込みやグラタンにも使える。

11. パッケリ
巨大なマカロニといった感じのショートパスタは、ボリューム満点で盛りつけるとお餅のよう。もっちりとした食感で食べごたえあり。ミート系、魚介系のこってりしたソースに合う。

12. カラマーリ
パッケリのひとまわり小さい、いかの輪切りのような形をした、食べやすく、調理しやすいパスタ。

13. オレキエッテ
イタリア語で「耳たぶ」という意味。カヴァテッリと同様、イタリアのプーリア州名物の手打ちパスタ（P11参照）。

14. トロフィエ
薄くペン先のように尖った形。イタリアで「こすりつける」という意味。北イタリア、リグーリア州の手打ちパスタで、その作り方が名前の由来になっている。

15. リッチョーリ・アル・リモーネ
レモン果汁が練り込まれたねじり棒のようなショートパスタ。本書ではレモンの皮を使ったシンプルなパスタ（P64）に使っている。

【 生パスタを作る 】

パスタとは、インパスターレ「粉を練る」というイタリア語に由来しているといわれます。
いまでは、さまざまな形状の乾燥パスタが手に入り、
食べたいときにさっとゆでて使えるので便利ですが、手打ちパスタ独特の
もちもちした食感とフレッシュさはパスタのもうひとつの魅力です。
パスタマシンがあれば、太さ自在のロングパスタや、ラザニアやラビオリの生地もできます。
また、ここではパスタマシンがなくても、カンタンにつくれるショートパスタ、
チカテッリとオレキエッテの作り方も紹介していますので、
ぜひ、チャレンジしてみてください。

【 基本のパスタ生地 】

◆ 材料（約10～12人分）

セモリナ粉	150g
中力粉	450g
卵黄	210g（卵約11個分）
卵	2個
塩	3g
オリーブオイル	大さじ1

◆ 作り方

1. 卵黄と卵を溶きほぐす。
2. 卵以外の材料をフードプロセッサーに入れ、卵液を少しずつ入れながらかくはんする。
3. ひとかたまりになったら、まるめてラップをしてひと晩（5～6時間）寝かせる。

【 生地をのばしてたたんで…基本のパスタシートを作る 】

1 ラップから外し、打ち粉（セモリナ粉）をした台の上で平らに伸ばしていく。

2 パスタマシンにかけ、1回目はいちばん厚い目盛りにセットして生地を伸ばす。

3 伸ばしては3つ折りにし、マシンにかける、これを一目盛りにつき2回、目盛りを変えながら8～9回くらいくり返す。

4 最終的に厚さ1～2mm（ラザニアやラビオリの生地は0.5mm）になるまで伸ばす。

【 ロングパスタから、ラザニア、ラビオリの生地まで 】

生地を好みの長さに切り、パスタマシンの歯を適宜取りつけてカットする。

パスタはセモリナ粉をまぶし1人分ずつまとめる。冷凍保存も可。

ラザニアやラビオリの生地はパスタマシンで伸ばした板パスタを、サイズを決め、同じ大きさにカットしていく。

ラザニア生地はセモリナ粉をまぶす。間にラップをはさんで冷凍用保存袋に入れ冷凍も可。

パスタマシンがなくても作れる

手作りパスタ2種

【 チカテッリを作る 】

◆材料

強力粉	40g
セモリナ粉	300g
ぬるま湯(30〜40℃)	170cc
塩	2g
オリーブオイル	20cc

◆作り方(約10人分)

1. ボウルにぬるま湯を入れ、塩とオリーブオイルを加えて混ぜ合わせる。

2. 別のボウルに強力粉とセモリナ粉を入れ、よく混ぜ、中央にくぼみを作り、1を流し入れ生地をまとめる。

3. 台の上で打ち粉をしながら折りたたむようにしてこね、生地がつるつるになってきたらまとめる。練りすぎないように注意。

4. ラップをして5〜6時間寝かせる。

5. 打ち粉をしながら麺棒でのばしていく。

6. 厚さ5mmくらいになったら、1cm幅にリボン状に切る。

7. 4cm長さに切り、人差し指と中指をのせ、手前に押し引くようにする。

8. 湯を沸かし、乾燥パスタと同じようにゆでる。ゆで時間は2〜3分。

※残ったパスタは、金属のトレーにラップを敷き、パスタを重ならないように並べ、急速冷凍してから保存袋に入れ冷凍保存する。

【 オレキエッテを作る 】

◆ 材料

強力粉	100g
セモリナ粉	400g
ぬるま湯（30〜40℃）	220cc
塩	3g
オリーブオイル	20cc

◆ 作り方（約10人分）

1　ボウルにぬるま湯を入れ、塩とオリーブオイルを入れて混ぜ合わせる。

2　別のボウルに強力粉とセモリナ粉を入れ、よく混ぜ、中央にくぼみを作り、1を流し入れ、生地をまとめる。

3　台の上で打ち粉をしながら折りたたむようにしてこね、生地がつるつるになってきたらまとめる。

4　ラップをして3時間くらい寝かせる。長時間寝かせるとグルテンが出て成形しにくくなるので注意。

5　パスタ生地を適量、包丁でカットする。

6　直径1.5cmくらいの棒状に伸ばしていく。

7　5mm幅に切る。

8　パスタ生地に親指を押しつけ、手前に引くと耳たぶのカタチができる。

9　湯を沸かし、乾燥パスタと同じようにゆでる。ゆで時間は2〜3分。

※チカテッリと同様に冷凍保存可。

【パスタのゆで方】

パスタはゆでて、ソースにからめるだけというシンプルな料理だけに、「ゆで方できまる」といわれています。そのポイントは2つ。1つは塩加減です。塩は湯量の1％で、3ℓの湯に対して塩は大さじ2と覚えておきましょう。これはなめてみたら、塩気を感じる程度。塩は粗塩を使ったほうが風味よく仕上がります。

もう1つはゆで加減です。ゆで時間は、パスタの袋に書いてある時間を目安に、その1分～30秒前に硬さをチェックして、わずかに芯が残る「アルデンテ」の状態でゆで上げるのがベストです。ただし、カッペリーニはゆで上がってから冷やしてしめるので、完全にやわらかくなるまでゆでます。

【ロングパスタのゆで方】

1 ある程度深さのある鍋を用意し、塩を入れて沸騰させ、両手で束ねてねじり、パッと離す。

2 パスタが鍋にある程度沈んでから菜箸で大きく混ぜる。沈む前にかき混ぜるとパスタが折れることがある。

3 目安時間の1分～30秒前になったら、パスタを1本取り、プツンと切って、ちょうどいいところでザルに取り、お湯を切る。

【カッペリーニの冷まし方】

1 ザルにとって湯を切ったら、すぐに氷水に放つ。

2 冷えたら、すぐに引き上げる。

3 ザルに上げ、水けをよく切り、塩を振る。

4 ソースの入ったボウルに入れ、混ぜ合わせる。

【ショートパスタのゆで方】

塩加減はロングパスタと同じだが、パスタが踊る程度の大きさと深さの鍋でOK。ペンネなど円筒状のショートパスタは、ゆで上がってからはやわらかくなりにくいので、硬さを確認しながら、ちょうどいいやわらかさにゆでるのがコツ。

多種多彩な
パスタの世界へ

ここではおなじみのパスタから
意外な食材の組み合わせのパスタ
休日ちょっと腕を振るいたい豪華パスタ
一度食べたらやみつきになるパスタ
おもてなしの一品に加えたいパスタ
さまざまなパスタを60品用意しました。
盛りつけのアイディアもぜひ、取り入れて
パスタ料理の世界をもっともっと広げてください。

January
― 1月のパスタ ―

カリフラワーと
ブロッコリーのショートパスタ

ホロッとほぐれるほどやわらかくゆでたカリフラワーとブロッコリーに
生ソーセージのうま味をからめ合わせて。

1月のパスタ

◆ 材料（1人分）

ショートパスタ（カヴァテッリ）	60g
カリフラワー（小房に分けてゆでる）	35g
ブロッコリー（小房に分けてゆでる）	35g
オリーブオイル	大さじ1
にんにく（つぶす）	½片
赤唐辛子（種を取る）	1本
サルシッチャ※（粗くほぐす）	40g
白ワイン	大さじ2
塩、こしょう	各適量
EXVオリーブオイル	適量
イタリアンパセリ（みじん切り）	適量
揚げにんにく	適量

※イタリアの生ソーセージ

◆ 作り方

1. 鍋にオリーブオイルとにんにく、赤唐辛子を入れ、弱火で炒める。

2. にんにくがきつね色になったら、サルシッチャを入れて炒め、カリフラワーとブロッコリーを加え、フォークの背で粗くつぶしながら炒める。

3. 白ワインを加えてアルコールを飛ばし、水分が足りない場合はパスタのゆで汁か水を加える。

4. ゆで上がったパスタを加えてよく混ぜ合わせ、味をみて塩、こしょうで調味し、EXVオリーブオイルをからめる。器に盛り、イタリアンパセリと揚げにんにくを散らす。

一口メモ

カリフラワーもブロッコリーも少しやわらかめにゆで、粗くつぶしながら炒めることで、パスタにからみやすくなる。このソースはオレキエッテにもよく合う。

January
ゴルゴンゾーラとリンゴのペンネ

濃厚で味わい深いゴルゴンゾーラに
リンゴの甘酸っぱさとサクサクとした食感がよく合います。
青カビチーズ好きならフルム・ダンベールもおすすめ。

― 1月のパスタ ―

◆ 材料（1人分）

ショートパスタ（ペンネ）	60g
リンゴ	¼個
レモン水	適量
ゴルゴンゾーラ（ざく切り）	30g
水	60cc
生クリーム	100cc
パルミジャーノ（パウダー）	大さじ2
塩	適量
黒粒こしょう（砕く）	適量
クルミ	適量

◆ 作り方

1. リンゴは芯を除き、1cm角の拍子切りにし、レモン水につけておく。
2. 鍋に水とゴルゴンゾーラを入れ、弱火にかける。
3. ゴルゴンゾーラが溶けたら、生クリームを加え、ひと煮立ちさせ火を止める。
4. ゆで上がったパスタを入れ、再び火をつけ、ソースをからめながら、煮詰めていく。
5. ソースにテリが出てきたら、火を止めリンゴとパルミジャーノを加えてよく混ぜ合わせ、味をみて塩で調味する。
6. 器に盛り、黒粒こしょうと、クルミを砕いて散らす。

ポイント

ゴルゴンゾーラをしっかり溶かしてから生クリームを入れるとなめらかなソースに。

生クリームを入れ、ぶくぶくしてきたら火を止めること。

January
かきとルッコラのスパゲッティ

濃厚なかきのうまみたっぷりのエキスをスパゲッティにからめ、
最後にルッコラを加えて、独特の香りと味わいを添えます。

― **1月のパスタ** ―

◆ 材料（1人分）

ロングパスタ（スパゲッティ）	80g
オリーブオイル	大さじ1
にんにく（みじん切り）	小さじ1
赤唐辛子（種を取る）	1本
かき	大2個
白ワイン	15cc
水	適量
塩	適量
EXVオリーブオイル	適量
ルッコラ（ざく切り）	20g
イタリアンパセリ（みじん切り）	適量

◆ 作り方

1. 鍋にオリーブオイルとにんにく、赤唐辛子を入れ、弱火で炒める。
2. にんにくがきつね色になったら、かきを入れて中火で両面を軽く炒める。
3. 白ワインを加え、アルコールを飛ばしたら水を注ぎ入れる。
4. ゆで上がったパスタを加えてよく混ぜ合わせ、味をみて塩で味を調え、EXVオリーブオイルをからめる。
5. ルッコラを加え、素早く混ぜ合わせて器に盛り、イタリアンパセリを散らす。

ポイント

かきに火を通しすぎないように注意！

かきの身がぷっくりしてきたら白ワインを加える。

January
ベーコンと
　ほうれん草のクリームパスタ

相性のいいベーコンとほうれん草を使って、
クリーム仕立てのマイルドなパスタに。

1月のパスタ

◆ 材料（1人分）

ロングパスタ（タリアテッレ）	70g
ほうれん草	60g
オリーブオイル	大さじ1
にんにく（つぶす）	1片
ベーコン（細切り）	40g
白ワイン	大さじ2
生クリーム	120cc
パルミジャーノ（パウダー）	大さじ1
塩、黒こしょう	各適量
ベーコン（カリカリに炒めたもの）	適量
黒こしょう（粗挽き）	適量
ペコリーノ・ロマーノ※（薄削り）	適量

※羊の乳から作ったチーズで独特のうま味と風味がある。

◆ 作り方

1. ほうれん草をやわらかめにゆで、2〜3cm長さに切る。

2. 鍋にオリーブオイルとにんにく、ベーコンを入れ、弱火で炒める。

3. 白ワインを加える。アルコールを飛ばし、生クリームを加えて少し煮詰める。

4. ゆで上がったパスタとほうれん草を加えたら火を止め、パルミジャーノを加えてよく混ぜ合わせる。

5. 味をみて塩、黒こしょうで調味し、器に盛り、トッピング用のベーコンをのせ、黒こしょう（粗挽き）を振り、ペコリーノ・ロマーノを散らす。

一口メモ
パスタを和える前に、ソースが煮詰まりすぎたら、水かパスタのゆで汁を加える。

January
ほたてのクリームソース・ファルファーレ

ほたて貝柱のうま味がしっかり溶け込んだクリームソースに、グリーンアスパラガスの緑とトマトの赤が彩りを添えます。

— **1月のパスタ** —

◆ 材料（1人分）

ショートパスタ（ファルファーレ） ……… 60g	白ワイン ……………………… 大さじ2
ほたて貝柱 ……………………… 大1個	生クリーム ……………………… 80cc
塩、黒こしょう ……………………… 各適量	パルミジャーノ（パウダー） ……… 大さじ1
グリーンアスパラガス ……………… 2本	フルーツトマト（湯むき・角切り）… 大さじ1
オリーブオイル ……………………… 大さじ1	黒粒こしょう（砕く） ……………… 適量
にんにく（つぶす） ……………………… ½片	セルフィーユ ……………………… 適量
玉ねぎ（みじん切り） ……………………… 10g	

◆ 作り方

1. ほたて貝柱は塩、黒こしょうを振り下味をつける。グリーンアスパラガスは根元の硬いところは皮をむき、ゆでて5㎜幅に斜め切りする。

2. 鍋にオリーブオイルとにんにくを入れ、弱火で炒め、にんにくがきつね色になったら取り出し、玉ねぎを炒める。

3. ほたて貝柱を入れ、両面うっすら焼き色がつくまで焼く。

4. 玉ねぎが透き通ったら、白ワインを加え、アルコールを飛ばし、生クリームを入れてひと煮立ちさせたら、ほたて貝柱を取り出し、アスパラガスを加える。

5. ほたて貝柱は5㎜厚さにスライスし、ゆで上がったパスタといっしょに鍋に入れ、火にかけてよく混ぜ合わせる。

6. 5のソースにテリが出てきたら火から下ろし、味をみて塩、黒こしょうで調味し、パルミジャーノを混ぜる。

7. 器に盛り、フルーツトマトと黒粒こしょうを散らし、セルフィーユを飾る。

ポイント

ほたて貝柱はひと煮し、味をソースに移してから取り出す。

取り出したほたて貝柱はスライスして再び鍋に戻す。

February
― 2月のパスタ ―

鶏レバーのフェットチーネ

レバーの特有の臭みをしっかり抜いてから調理すれば、深みのあるプロの味わいを家庭でも楽しめます。

― **2**月のパスタ ―

◆ 材料（1人分）

ロングパスタ（フェットチーネ）……………80g	黒粒こしょう（砕く）……………………適量
鶏レバー……………………………………150g	玉ねぎ（薄切り）……………………………½個
牛乳……………………………………カップ½	白ワイン……………………………………大さじ2
塩、黒こしょう…………………………各適量	フォン・ド・ヴォー………………………大さじ2
小麦粉………………………………………少々	生クリーム…………………………………大さじ1
オリーブオイル…………………………大さじ1	パルミジャーノ（パウダー）………大さじ1
にんにく（みじん切り）………………小さじ1	イタリアンパセリ（みじん切り）………少々

◆ 作り方

1 牛乳にひたして臭みを取った鶏レバーは水けを拭き取り、一口大に切って、塩、黒こしょうを振り、軽く小麦粉を振っておく。

2 鍋にオリーブオイルとにんにく、黒粒こしょうを入れ、弱火で炒める。

3 にんにくがきつね色になったら玉ねぎを入れ、軽く塩を振って弱火で透き通るまで炒める。

4 1の鶏レバーを加えて両面炒める。白ワインを加え、アルコールを飛ばし、フォン・ド・ヴォーを加え、少し煮詰める。

5 生クリームを加えてひと煮立ちさせたら、ゆで上がったパスタを入れ、素早くからめる。

6 パルミジャーノを加えてよく混ぜ合わせ、味をみて塩で調味し、器に盛り、パルミジャーノ（分量外）、黒粒こしょう、イタリアンパセリを散らす。

ポイント

鶏レバーはひたひたの牛乳につけてひと晩（4～5時間）漬けて臭みを抜く。

軽く小麦粉を振ってから炒めるとうま味がぎゅっと凝縮する。

February

ブロッコリーと
ムール貝のオレキエッテ

磯の香りをたっぷり含んだムール貝から出るエキスを
耳たぶ型のオレキエッテとブロッコリーにからめて。

2月のパスタ

◆ 材料（1人分）

ショートパスタ（オレキエッテ・作り方はP11）…… 60g
オリーブオイル…………………………………… 大さじ2
にんにく（みじん切り）…………………………… 小さじ½
赤唐辛子（種を取る）……………………………… 1本
ムール貝…………………………………………… 200g
白ワイン…………………………………………… 大さじ2
ブロッコリー（小房に分けてゆでる）…………… 70g
EXVオリーブオイル……………………………… 適量
イタリアンパセリ（みじん切り）………………… 適量
塩、こしょう……………………………………… 各適量

◆ 作り方

1. 鍋にオリーブオイルとにんにく、赤唐辛子を入れ、弱火で炒める。
2. にんにくがきつね色になったら、ムール貝を軽く炒めて、白ワインを加え、フタをする。
3. ムール貝の口が開いたら、やわらかめにゆでたブロッコリーを加える。
4. ゆで上がったパスタを加えてよく混ぜ合わせ、EXVオリーブオイルとイタリアンパセリをからめ、味をみて塩、こしょうで調味する。
5. 器に盛り、イタリアンパセリを散らす。

ポイント

白ワインを加えたら中火にし、すぐにフタをして、貝の口を開かせる。

ソースが煮詰まってしまったら、適宜水を加える。

February
ジティ・ロングのアマトリチャーナ

材料はベーコン、玉ねぎ、トマトソースだけ。黒こしょうをきかせ、太い穴あき麺にからませて食べるローマ名物のパスタです。

2月のパスタ

◆ 材料（1人分）

ロングパスタ（ジティ・ロング）	80g
オリーブオイル	大さじ1
にんにく（つぶす）	½片
黒粒こしょう（砕く）	適量
ベーコン（太めの拍子切り）	40g
玉ねぎ（くし切り）	50g
白ワイン	大さじ1
トマトソース（市販品またはP138参照）	70cc
パスタのゆで汁	70cc
塩、黒こしょう	各適量
ペコリーノ・ロマーノ（薄削り）	適量

◆ 作り方

1. 鍋にオリーブオイルとにんにく、黒粒こしょうをひとつまみ、ベーコンを入れ、弱火でじっくり炒める。

2. ベーコンの香りが出てきたら、玉ねぎを入れ、軽く塩を振り、透き通るまで炒める。

3. 白ワインを加えてアルコールを飛ばし、トマトソースとパスタのゆで汁を加えて煮込む。

4. ゆで上がったパスタを加えてよく混ぜ合わせ、味をみて塩、黒こしょうで調味し、器に盛り、黒粒こしょうとペコリーノ・ロマーノを散らす。

ポイント

オリーブオイルにベーコンのうまみをしっかり移すように弱火で炒める。

玉ねぎは少し塩を振って炒めると甘みがでてくる。

February
鶏肉と玉ねぎのタリアテッレ

野菜の甘みとトマトのほのかな酸味が鶏肉のうま味をじんわり引き出し、飽きのこないカジュアルなパスタになっています。

2月のパスタ

◆ 材料（1人分）

ロングパスタ（タリアテッレ）	70g
鶏もも肉（一口大に切る）	1/3枚
塩、黒こしょう	各適量
オリーブオイル	大さじ2
にんにく（つぶす）	1片
玉ねぎ（薄切り）	1/4個
赤ピーマン（千切り）	1/2個
フルーツトマト（湯むき・くし切り）	1個
白ワイン	大さじ2
生クリーム	20cc
トマトソース（市販品またはP138参照）	大さじ1
パルミジャーノ（パウダー）	大さじ1
イタリアンパセリ（みじん切り）	適量
パルミジャーノ（スライス）	適量
黒こしょう（粗挽き）	適量

◆ 作り方

1. 鶏肉は塩、黒こしょうを振り、オリーブオイル大さじ1で炒める。

2. 別の鍋に残りのオリーブオイルとにんにくを弱火で炒め、にんにくがきつね色になったら、玉ねぎと赤ピーマンをしんなりするまで炒める。

3. 1の鶏肉とトマトを入れ、塩を少々振って炒め合わせ、白ワインを加え、アルコールを飛ばす。

4. 生クリームとトマトソースを加え、ひと煮立ちさせたら、ゆで上がったパスタとパルミジャーノを加えてよく混ぜ合わせ、味をみて塩、黒こしょうで調味する。

5. 器に盛り、イタリアンパセリ、スライスしたパルミジャーノをのせ、黒こしょう（粗挽き）を振る。

February
白いんげん豆のパスタ・ローズマリー風味

豆とパスタの組み合わせはちょっと意外ですが、
やわらかく煮た白いんげん豆をつぶすことで、ソースがパスタにからみ、
ローズマリーの風味が食欲をそそります。

2月のパスタ

◆ 材料（1人分）

ショートパスタ（ペンネ）	60g
オリーブオイル	大さじ2
にんにく（つぶす）	½片
ローズマリー	5cm2本
生ハム（細切り）	1枚
白いんげん豆（やわらかく煮る）	100g
白ワイン	大さじ2
水またはパスタのゆで汁	50cc
塩	適量
EXVオリーブオイル	適量
ローズマリーオイル	少々
イタリアンパセリ（みじん切り）	適量

◆ 作り方

1. 鍋にオリーブオイル、にんにく、ローズマリーを入れ、弱火で炒める。

2. にんにくがきつね色になったら、にんにくとローズマリーを取り出し、生ハムを炒める。

3. 生ハムの香りが出てきたら、白いんげん豆を加え、白ワインを入れ、アルコールを飛ばし、水またはパスタのゆで汁を加え、ひと煮立ちさせる。

4. 白いんげん豆⅓くらいをフォークの背でざっくりつぶし、ゆで上がったパスタを入れてよく混ぜ合わせ、味をみて塩で調味し、EXVオリーブオイルとローズマリーオイルを少々からめる。

5. 器に盛り、2で取り出したローズマリーをのせ、イタリアンパセリを散らす。

一口メモ

取り出したローズマリーをトッピングするとおしゃれな盛りつけに。

March
― 3月のパスタ ―

ジェノベーゼ・リングイネ

バジルをたっぷり使った定番のソースでリングイネと相性のいいじゃがいも、さやいんげんを大ぶりにカットして合わせます。

― **3月のパスタ** ―

◆ 材料（1人分）

ロングパスタ（リングイネ）	80g
じゃがいも（大きめの拍子切り）	50g
さやいんげん（筋を取り半分に切る）	4本
ジェノベーゼソース（市販品またはP137参照）	60g
パスタのゆで汁	大さじ1
塩、こしょう	各適量
松の実	適量
パルミジャーノ（薄削り）	適量

◆ 作り方

1　パスタをゆでるときにじゃがいもを入れ、パスタがゆで上がる1分前にさやいんげんを入れる。

2　鍋にジェノベーゼソースを入れ、パスタのゆで汁を加えて伸ばす。

3　2の鍋にゆで上がったパスタとじゃがいも、さやいんげんを入れ、水けが足りないときは、パスタのゆで汁を適宜加えて素早く混ぜ合わせる。味をみて塩、こしょうで調味する。

4　器に盛り、松の実を散らし、パルミジャーノを散らす。

一口メモ

じゃがいもやさやいんげんは別にゆでてもよいが、いつもよりやわらかめにゆで、じゃがいもはパスタと和えるときに少しくずれるくらいがベスト。こうすることでパスタ、野菜、ソースがしっかりからみ合う。

March
菜の花のフェデリーニ

菜の花のほろ苦さをパスタにからめて春の香りを楽しむシンプルなパスタ。
取り出したにんにくと赤唐辛子をトッピングしました。

― **3月のパスタ** ―

◆ 材料（1人分）

ロングパスタ（フェデリーニ）……………………… 80g
菜の花……………………………………………… ½束
オリーブオイル……………………………… 大さじ1
にんにく（つぶす）………………………………… 1片
赤唐辛子（種を取る）……………………………… 1本
塩、こしょう……………………………………… 各適量
イタリアンパセリ（みじん切り）………………… 適量

◆ 作り方

1　熱湯に塩を少々入れ、菜の花をやわらかめにゆでて、水けを切り、半分は3cm長さに切り、残りの半分はみじん切りにする。

2　鍋にオリーブオイルとにんにく、赤唐辛子を入れ、弱火で炒め、にんにくがきつね色になったら、にんにくと赤唐辛子を取り出す。

3　菜の花を入れて炒め、水分が足りない場合はパスタのゆで汁か水を適宜加える。

4　ゆで上がったパスタを加えてよく混ぜ合わせ、味をみて塩、こしょうで調味し、器に盛り、2で取り出したにんにくと赤唐辛子をのせ、イタリアンパセリを散らす。

一口メモ

菜の花の半分をみじん切りにすることで、ソースによくなじみ、パスタにもよくからむので、春の味を存分に楽しむことができる。

March

新玉ねぎと
アンチョビのスパゲッティーニ

みずみずしい新玉ねぎをたっぷり使って、
その甘みをアンチョビと黒こしょうで引き出した、大人の味わいパスタ。

― **3月のパスタ** ―

◆ 材料（1人分）

ロングパスタ（スパゲッティーニ）	80g
玉ねぎ（薄切り）	½個
オリーブオイル	大さじ1
にんにく（みじん切り）	½片
黒こしょう（粗挽き）	適量
アンチョビフィレ（細切り）	3枚
パルミジャーノ（パウダー）	大さじ1
塩、黒こしょう	各適量
ペコリーノ・ロマーノ（薄削り）	適量

◆ 作り方

1　玉ねぎを耐熱容器に入れ、ラップをして電子レンジ500Wで5分加熱する。

2　鍋にオリーブオイルとにんにく、黒こしょう（粗挽き）を少々を入れて弱火で炒め、にんにくがきつね色になったら、アンチョビを入れ、香りが出てきたら、1の玉ねぎを炒め合わせる。

3　ゆで上がったパスタを入れ、パルミジャーノを加えてよく混ぜ合わせ、味をみて塩、黒こしょうで調味する。

4　器に盛り、ペコリーノ・ロマーノを散らし、黒こしょう（粗挽き）を振る。

ポイント

玉ねぎは炒める前にラップをして電子レンジで加熱してうま味を引き出しておく。

加熱した玉ねぎは、必ず汁ごと入れて炒める。玉ねぎのうま味をまるごとソースに生かす。

March

春キャベツと
アンチョビのフェデリーニ

やわらかく甘い春キャベツとクセのあるアンチョビの塩味が味のハーモニーを奏でます。春の定番パスタがちょっとグレードアップしました。

— **3**月のパスタ —

◆ 材料（1人分）

ロングパスタ（フェデリーニ）	80g
オリーブオイル	大さじ1と½
にんにく（つぶす）	½片
赤唐辛子（種を取る）	1本
アンチョビフィレ（細切り）	2枚
キャベツ（ざく切り）	3枚
白ワイン	大さじ2
水	50cc
EXVオリーブオイル	適量
塩	適量
イタリアンパセリ（みじん切り）	適量

◆ 作り方

1 鍋にオリーブオイルとにんにく、赤唐辛子を入れ、弱火で炒める。

2 にんにくがきつね色になったら、アンチョビを入れ、香りが立ったら、キャベツを入れ、油をからめるように炒める。

3 フタをして中火で少し蒸し焼きし、白ワインを入れ、アルコールを飛ばし、水を加える。

4 ゆで上がったパスタを加えてよく混ぜ合わせ、火を止めEXVオリーブオイルをからめ、味をみて塩で調味する。

5 器に盛り、イタリアンパセリを散らす。

ポイント

アンチョビを入れたら、しっかり香りを立たせる。

キャベツは蒸し焼きすることで甘みが引き出される。

March
フジローニのサラダ仕立て

フジッリよりも大きなねじりのフジローニの深い溝にツナやケッパー、バジル、青じそがしっかり収まって、多彩な具材が口の中でしっかりまじり合います。

― **3月のパスタ** ―

◆ **材料**（1人分）

ショートパスタ（フジローニ）……………… 60g
塩、こしょう………………………………… 各適量
きゅうり（5mmの薄切り）………………… ½本
紫玉ねぎ（薄切り）………………………… ⅛個
フルーツトマト（湯むき・くし切り）……… 1個
ツナ（缶詰）………………………………… 60g
オリーブ（半分に切る）…………………… 5個
ケッパー……………………………………… 10粒
バジル（細切り）…………………………… 1枚
青じそ（細切り）…………………………… 1枚
A ┃ EXVオリーブオイル……………… 大さじ⅔
　┃ フレンチドレッシング…………… 大さじ1
　┃ バルサミコ酢……………………… 少々
　┃ レモン汁…………………………… 少々
レタス………………………………………… 適量

◆ **作り方**

1. パスタを少しやわらかめにゆで、塩、こしょうで調味し、冷ましておく。
2. きゅうりに塩少々まぶし、水が出てきたら水洗いして水けを絞る。
3. 紫玉ねぎは水にさらし、水けを切っておく。
4. Aを混ぜ合わせる。
5. ボウルにパスタとツナ、野菜他を入れ、Aで和え、味をみて塩、こしょうで調味し、レタスを敷いた器に盛りつける。

 一口メモ

サラダに使うパスタはゆで上がったらザルに取り、水けを切ったらすぐに塩、こしょうで軽く味をつけておくと、味がしまる。

― 4月のパスタ ―

ショートパスタ・アラビアータ

唐辛子×トマトのアラビアータはイタリア語で「怒り」という意味で、別名怒りん坊のパスタといわれていますが、お好みの辛さでどうぞ！

4月のパスタ

◆ 材料（1人分）

ショートパスタ（トロフィエ）	60g
オリーブオイル	大さじ2
にんにく（つぶす）	1片
赤唐辛子（種を取る）	小2本
完熟トマト（湯むき・くし切り）	110g
白ワイン	大さじ2
EXVオリーブオイル	適量
塩	適量

◆ 作り方

1. 鍋にオリーブオイルとにんにく、赤唐辛子を入れ、弱火で炒める。

2. にんにくがきつね色になったら、にんにくと赤唐辛子を取り出し、トマトを入れ、軽く塩を振り、つぶしながら炒める。

3. 白ワインを入れ、アルコールを飛ばし、水分が足りない場合は、適宜パスタのゆで汁か水を加える。

4. ゆで上がったパスタを加えてよく混ぜ合わせ、EXVオリーブオイルをからめ、味をみて塩で味を調える。

5. 器に盛り、2で取り出したにんにくと赤唐辛子を添える。

 一口メモ

もっと辛みを効かせたい場合は、唐辛子を途中で取り出さず、そのまま入れて調理し、トマトソースにじっくり辛みを移す。

April

グリーンアスパラガスのフェットチーネ

旬のグリーンアスパラガスをバターで香りよく炒め、
生クリームでうま味を包み込んだソース。
平打ち麺のフェットチーネにやわらかなソースをたっぷりからめて。

4月のパスタ

◆材料（1人分）

ロングパスタ（フェットチーネ）	70g
グリーンアスパラガス	3本
バター	13g
玉ねぎ（みじん切り）	25g
ハム（半分に切って細切り）	20g
白ワイン	大さじ2
生クリーム	100cc
パルミジャーノ（パウダー）	大さじ1
塩、黒こしょう	各適量
イタリアンパセリ（みじん切り）	適量

◆作り方

1. グリーンアスパラガス2本分は1cm幅の斜め切り、残りの1本はスライサーでタテに薄切りにして、塩を入れた熱湯でゆでる。

2. 鍋にバターを入れて熱し、玉ねぎを加え、軽く塩を振って弱火で炒める。

3. ハムを入れ、軽く黒こしょうを振って炒め、斜め切りしたグリーンアスパラガスを加えて炒め合わせる。

4. 白ワインを加えて、アルコールを飛ばし、生クリームを加えてひと煮立ちさせる。

5. ゆで上がったパスタを加え、パルミジャーノを入れてよく混ぜ合わせ、味をみて塩、黒こしょうで調味する。

6. 器に盛り、薄切りしたグリーンアスパラガスを飾り、パルミジャーノ（分量外）とイタリアンパセリを散らす。

ポイント

玉ねぎとハム、アスパラガスを炒め合わせ、アスパラガスがしんなりしたら、白ワインを注ぐ。

白ワインのアルコールを飛ばしてから、生クリームを入れる。生クリームは長く煮立たせないこと。

April
カチョ エ ペペ・スパゲッティ

バターとパルミジャーノと黒こしょうのシンプルで飽きのこないパスタ。
もっちりとした食感のスパゲッティを使いました。

4月のパスタ

◆ 材料（1人分）

ロングパスタ（スパゲッティ） ……………… 80g
バター ……………………………………… 50g
黒粒こしょう（砕く）………………………… 適量
白ワイン …………………………………… 大さじ1
水 …………………………………………… 適量
パルミジャーノ（パウダー）……………… 大さじ1
塩 …………………………………………… 適量
黒こしょう（粗挽き）………………………… 適量
パルミジャーノ（薄削り）…………………… 適量

◆ 作り方

1. 鍋にバター30gと黒粒こしょうを2つまみ入れ、弱火にかける。

2. バターが溶けたら、白ワインを加え、アルコールを飛ばし、水を適量加え、ひと煮立ちさせる。

3. ゆで上がったパスタと残りのバターとパルミジャーノを加えてよく混ぜ合わせ、味をみて塩で調味する。

4. 器に盛り、黒こしょう（粗挽き）と削ったパルミジャーノをたっぷり振る。

ポイント

バターが溶けて泡が少し色づいてきてから白ワインを加える。

白ワインのアルコールを飛ばしているうちに煮詰まったら水を加え、ひと煮立ちさせる。

April

グリンピースと
ハムのオッキ・ディ・ルーポ

白いクリームソースにグリンピースの緑とハムの取り合わせがおしゃれ。
少し太めのマカロニ系パスタ、オッキ・ディ・ルーポを使って。

4月のパスタ

◆ 材料（1人分）

ショートパスタ（オッキ・ディ・ルーポ）	60g
バター	15g
玉ねぎ（薄切り）	½個
グリーンピース（やわらかくゆでる）	50g
ハム（半分に切って短冊切り）	1枚
白ワイン	大さじ2
生クリーム	80cc
黒こしょう（粗挽き）	少々
パルミジャーノ（パウダー）	大さじ1
塩、黒こしょう	各適量
イタリアンパセリ（みじん切り）	適量
パルミジャーノ（薄削り）	適量

◆ 作り方

1. 鍋にバターを溶かし、玉ねぎを入れ、塩少々振って弱火で炒め、しんなりしたらグリンピースとハムを炒め合わせる。

2. 白ワインを入れ、軽く炒めてアルコールを飛ばし、生クリームと黒こしょう（粗挽き）少々を加えてひと煮立ちさせる。

3. ゆで上がったパスタを加えてよく混ぜ合わせ、パルミジャーノをからめ、味をみて塩、黒こしょうで調味する。

4. 器に盛り、イタリアンパセリを散らし、パルミジャーノを削って散らす。

一口メモ
生クリームを加えるとき、黒こしょうを少し入れると味が引き締まる。

April

バジルとトマトのショートパスタ

シンプルで食べ飽きないトマトソースパスタの定番。トマトソースをからめたショートパスタに、香りのいいフレッシュバジルを散らします。

— **4月のパスタ** —

◆ 材料（1人分）

ショートパスタ（フィダンツァーティ・カプレージ）…60g
オリーブオイル……………………………… 大さじ1
にんにく（つぶす）…………………………………… 1片
赤唐辛子（種を取る）………………………………… 1本
トマトソース（市販品またはP138参照）……… 100cc
パスタのゆで汁か水…………………………… 適量
EXVオリーブオイル…………………………… 適量
塩、こしょう………………………………… 各適量
バジル………………………………………… 適量
パルミジャーノ（薄削り）…………………………… 適量

◆ 作り方

1　鍋にオリーブオイルとにんにく、赤唐辛子を入れ、弱火で炒める。

2　にんにくがきつね色になったら、赤唐辛子を取り除き、トマトソースを加えて軽く煮る。

3　途中でパスタのゆで汁か水を少々加え、ゆで上がったパスタを入れてよく混ぜ合わせ、EXVオリーブオイルをからめ、味をみて塩、こしょうで調味する。

4　器に盛り、バジルとパルミジャーノを散らす。

一口メモ

バジルは加熱すると色が変わってしまうので、盛りつけてから直前にちぎって散らし、食べるときにソースにからめると、彩りも風味も味わえる。

May
― 5月のパスタ ―

ボンゴレビアンコ

あさりのうま味がたっぷり出たソースをからめ、
相性のいいからすみパウダーと青じそを散らして仕上げます。

― **5月のパスタ** ―

◆ 材料（1人分）

ロングパスタ（スパゲッティ）	80g
オリーブオイル	大さじ2
にんにく（つぶす）	½片
赤唐辛子（種を取る）	1本
しめじ（小房に分ける）	⅓パック
あさり（砂出しする）	300g
白ワイン	大さじ2
水	適量
EXVオリーブオイル	適量
塩	適量
からすみパウダー	適量
青じそ（細切り）	5枚

◆ 作り方

1. 鍋にオリーブオイルとにんにく、赤唐辛子を入れ、弱火で炒める。
2. にんにくがきつね色になったら、にんにくと赤唐辛子を取り出し、しめじを入れ、塩少々振って中火で炒める。
3. あさりを加え、軽く炒めたら、白ワインを入れ、フタをしてあさりの口を開かせる。
4. 水を少し足し、ゆで上がったパスタを加えてよく混ぜ合わせ、EXVオリーブオイルで風味をつけ、味をみて塩で調味する。
5. 器に盛り、からすみパウダーを振り、青じそを散らす。

ポイント

しめじはオイルをからめるようにさっと炒める程度で。

白ワインを入れてフタをしたら、あさりの口がしっかり開くように中火弱で。

May
いか墨とうにのフェデリーニ

市販のいか墨ソースを使ってカンタンにできるスパゲッティ。
うにをトッピングし、彩りよく、ちょっと豪華に仕上げます。

5月のパスタ

◆ 材料（1人分）

ロングパスタ（フェデリーニ）	80g
オリーブオイル	大さじ1
にんにく（つぶす）	½片
赤唐辛子（種を取る）	½本
イタリアンパセリ（みじん切り）	適量
トマトソース（市販品またはP138参照）	大さじ2
いか墨ソース（市販品）	大さじ4
あさり汁（P138参照）	大さじ2
塩、こしょう	各適量
うに	適量
青じそ（素揚げ）	2枚

◆ 作り方

1. 鍋にオリーブオイルとにんにく、赤唐辛子を入れ、弱火で炒める。
2. にんにくがきつね色になったら、イタリアンパセリを入れ、香りが立ったらトマトソースを加える。
3. いか墨ソース、あさり汁を加え、ひと煮立ちさせる。
4. ゆで上がったパスタを加えてよく混ぜ合わせ、味をみて塩、こしょうで調味する。
5. 器に盛り、うにと青じそをトッピングする。

ポイント

トマトソースはイタリアンパセリの香りが立ってきてから入れる。

市販のトマトソースといか墨ソースは煮詰まりやすいので、あさり汁や水を適宜加える。

May
いわしとういきょうのカサレッチェ

断面がS字になったシチリア生まれのショートパスタに
いわしとういきょうのうま味をしっかりからめて風味豊かに仕上げます。

5月のパスタ

◆ 材料（1人分）

ショートパスタ（カサレッチェ）……45g	あさり汁（P138参照）………………50cc
オリーブオイル………………………大さじ2	水……………………………………大さじ2
にんにく………………………………½片	サフラン……………………………適量
赤唐辛子（種を取る）………………1本	塩……………………………………適量
松の実…………………………………5g	香草パン粉
干しぶどう……………………………10g	またはガーリックパン粉（P138参照）…適量
玉ねぎ（薄切り）……………………50g	イタリアンパセリ（みじん切り）………適量
ういきょう※（薄切り）………………50g	オレンジの皮（すりおろし）……………適量
オイルサーディン……………………3尾	ディル………………………………適量
白ワイン………………………………大さじ2	

※フランス語でフェンネルのこと

◆ 作り方

1　鍋にオリーブオイルとにんにく、赤唐辛子を入れ、弱火で炒める。

2　にんにくがきつね色になったら、松の実を入れ、香りが立ち、色づいてきたら赤唐辛子を取り出し、干しぶどうを入れて炒める。

3　玉ねぎを加え、軽く塩を振って炒め、しんなりしたら、ういきょうを入れる。

4　オイルサーディンを加え、サッと炒め合わせたら、白ワインを入れ、アルコールを飛ばしたら、あさり汁、水、サフランを入れて煮含める。

5　ゆで上がったパスタを加えてよく混ぜ合わせ、味をみて塩で調味する。

6　器に盛り、香草パン粉、イタリアンパセリ、オレンジの皮を散らし、ディルを飾る。

ポイント

干しぶどうがぷっくりふくらむまで弱火でじっくり炒めて。

玉ねぎがしんなりしてからういきょう、オイルサーディンの順に入れ、さっと炒め合わせる。

元祖カルボナーラ・貧乏人のスパゲッティ

一度食べると病みつきになる伝説的なパスタです。
メインの具は冷蔵庫に必ず入っている卵とバターだけ!
チーズと黒こしょうをたっぷりかければ完成です。

― **5**月のパスタ ―

◆ 材料（1人分）

ロングパスタ（スパゲッティ）	80g
オリーブオイル	大さじ1
バター	25g
黒粒こしょう（砕く）	適量
卵	1個
水	大さじ3
塩	適量
ペコリーノ・ロマーノ（薄削り）	適量
黒こしょう（粗挽き）	適量

◆ 作り方

1　鍋にオリーブオイル、バター、黒粒こしょうを入れ、中火にかける。

2　バターが泡立ってきたら、卵を割り入れ、両面焼きにする。鍋を揺すりながら白身が固まり始めたら、卵をくずして水を加える。

3　ゆで上がったパスタを加えてよく混ぜ合わせ、味をみて塩で調味する。器に盛り、ペコリーノ・ロマーノと黒こしょう（粗挽き）を多めに振る。

一口メモ

このメニューはカルボナーラの原型ともいわれ、日本の卵かけごはんのようなもの。卵を焼きすぎないこと、そして、素早く作るのがおいしさのコツ。最後に黒こしょうをたっぷりとかけるのもポイント。

May
なすと リコッタチーズのスパゲッティーニ

ほんのり甘さがあり、やわらかで口溶けのいいリコッタチーズと、
素揚げして香ばしいなすの意外な組み合わせがフレッシュなパスタです。

― 5月のパスタ ―

◆ 材料（1人分）

ロングパスタ（スパゲッティーニ）………80g	白ワイン……………………………大さじ2
なす（1cm幅の輪切り）……………………1本	トマトソース（市販品またはP138参照）‥80cc
揚げ油……………………………………適量	パルミジャーノ（パウダー）………大さじ1
オリーブオイル……………………大さじ1	EXVオリーブオイル……………………適量
にんにく（つぶす）………………………1片	塩、黒こしょう……………………各適量
ベーコン（太めの拍子切り）……………30g	リコッタチーズ……………………小さじ1
黒粒こしょう（砕く）……………………少々	ルッコラ…………………………………適量
玉ねぎ（薄切り）………………………1/3個	

◆ 作り方

1 なすは塩を振り、10分程おいてアク抜きし、水で洗い、水けをよく拭き取り、素揚げする。

2 鍋にオリーブオイルとにんにく、ベーコン、黒粒こしょうを少々入れ、弱火で炒め、ベーコンに焼き色がついたら取り出す。

3 玉ねぎを加え、しんなりするまで炒めたら、ベーコンを戻し、炒め合わせる。

4 白ワインを加え、アルコールを飛ばしたら、トマトソースを入れ、軽く煮込む。

5 ゆで上がったパスタを入れ、**1**のなすとパルミジャーノ、EXVオリーブオイルを加えてよく混ぜ合わせ、味をみて塩、黒こしょうで調味する。

6 器に盛り、リコッタチーズをのせ、黒こしょうを振り、ルッコラを飾る。

 一口メモ

ベーコンをしっかり焼きつけ、うま味の出た油で玉ねぎを炒めると、コクが出る。

June
― 6月のパスタ ―

レモンクリームとマスカルポーネのショートパスタ

レモンのフレッシュな香りと酸味が食欲をそそるさわやかな味わい。
レモン果汁を練り込んだショートパスタと塩レモンの皮がよく合います。

― **6月のパスタ** ―

◆ 材料（1人分）

ショートパスタ（リッチョーリ・アル・リモーネ）…… 80g
バター ……………………………………………… 15g
塩レモンの皮（薄切り）…………………………… 1/4個分
白ワイン ………………………………………… 大さじ2
生クリーム ……………………………………… 80cc
レモン汁 ………………………………………… 小さじ1
マスカルポーネ ………………………………… 大さじ1
塩 ………………………………………………… 適量
レモンの皮（すりおろし）………………………… 適量

◆ 作り方

1　鍋にバターを溶かし、塩レモンの皮を入れて弱火で炒める。

2　香りが立ったら、白ワインを入れ、アルコールを飛ばしたら、生クリームを入れてひと煮立ちさせる。

3　ゆで上がったパスタを入れ、レモン汁とマスカルポーネを加えてよく混ぜ合わせる。味をみて塩で調味し、器に盛りつけ、レモンの皮を散らす。

ポイント

バターが溶けて、泡立ってきたら、塩レモンの皮を入れて炒める。

マスカルポーネはパスタにからめるように混ぜ溶かす。

June
そら豆とえびのタリアテッレ

そら豆のグリーンとえびの赤のおいしさそそる組み合わせ。トッピングは贅沢に生ハムをのせ、味のポイントにジェノベーゼソースを添えました。

— **6月のパスタ** —

◆ 材料（1人分）

ロングパスタ（タリアテッレ）…………70g
オリーブオイル…………………… 大さじ1
にんにく（つぶす）………………… 1片
赤唐辛子（種を取る）……………… 1本
車えび（殻をむき2cm幅に切る）……… 3尾
白ワイン………………………… 大さじ2
そら豆（ゆでて薄皮をむく）…………80g
あさり汁（P138参照）…………… 大さじ2
トマトソース（市販品またはP138参照）
………………………………… 大さじ1
EXVオリーブオイル……………………適量
フルーツトマト（湯むき・角切り）…大さじ1
塩、こしょう……………………… 各適量
ジェノベーゼソース（市販品またはP137参照）………………………………… 大さじ1
生ハム……………………………… 1枚
イタリアンパセリ（みじん切り）………適量

◆ 作り方

1 鍋にオリーブオイルとにんにく、赤唐辛子を入れ、弱火で炒める。

2 にんにくが色づいたら、にんにくと赤唐辛子を取り出し、えびを入れ、軽く塩を振って炒め、白ワインを加える。

3 白ワインのアルコールを飛ばし、そら豆とあさり汁、トマトソースを加え、ひと煮立ちさせる。

4 ゆで上がったパスタを入れ、EXVオリーブオイルとトマトを加えてよく混ぜ合わせ、味をみて塩、こしょうで調味する。

5 器に盛り、ジェノベーゼソースをかけ、生ハムをちぎって添え、イタリアンパセリを散らす。

ポイント

えびはあまり火を通しすぎると硬くなるので、ふっくらしたらOK。白ワインを回しかける。

魚介を使ったソースにはあさり汁が味のつなぎ役に。

June

ズッキーニと
スカンピのガーリックソース

いか墨を練り込んだパスタに、夏の美味しい組み合わせ、
スカンピとズッキーニを盛り合わせた豪華なパスタ。盛りつけにも遊び心を!

— **6月のパスタ** —

◆ 材料（1人分）

ロングパスタ（いか墨を練り込んだパスタ）	80g
スカンピ（縦半分にカット）	2本
塩、こしょう	各適量
強力粉	適量
オリーブオイル	大さじ2
にんにく（薄切り）	2片
赤唐辛子（種を取る）	½本
ズッキーニ（1cmの拍子切り）	½本
白ワイン	大さじ2
あさり汁（P138参照）	80cc
水	20cc
EXVオリーブオイル	適量
イタリアンパセリ（みじん切り）	適量

◆ 作り方

1. スカンピに軽く塩、こしょうを振り、断面に薄く強力粉を振る。
2. 鍋にオリーブオイルとにんにく、赤唐辛子を入れ、弱火で炒める。
3. にんにくが色づいてきたら、スカンピを断面から入れ、両面焼いたら取り出す。
4. ズッキーニを炒め、火が通ったらスカンピを戻し、白ワインを入れ、アルコールを飛ばし、あさり汁と水を加え、ひと煮立ちさせる。
5. ゆで上がったパスタを加え、よく混ぜ合わせ、味をみて塩、こしょうで調味し、EXVオリーブオイルをからめる。
6. 器に盛り、イタリアンパセリを散らす。

ポイント

スカンピに塩、こしょうで下味をつけたら、切り口に強力粉を軽く振っておくと、うま味がとじ込められ、水っぽくならない。

パスタとスカンピを交互に盛りつけていくと、インパクトのある立体的な仕上がりに。

June

釜揚げしらすと
からすみの冷製カッペリーニ

白いんげん豆をつなぎに使って、たっぷりの釜揚げしらすと
芽ねぎのトッピングが目を引く、和風なしつらえの冷製パスタです。

— 6月のパスタ —

◆ 材料（1人分）

ロングパスタ（カッペリーニ）	35g
白いんげん豆（やわらかく煮る）	50g
エシャロット（みじん切り）	大さじ½
イタリアンパセリ（みじん切り）	大さじ½
からすみパウダー	大さじ1
EXVオリーブオイル	大さじ1
レモン汁	小さじ1
水	30cc
塩、こしょう	各適量
釜揚げしらす	50g
芽ねぎ	適量

◆ 作り方

1. ボウルに白いんげん豆とエシャロット、イタリアンパセリ、からすみパウダーを入れる。

2. EXVオリーブオイル、レモン汁、水を加え混ぜ、スプーンの背で白いんげん豆を⅔くらいつぶしたら、味をみて塩、こしょうで調味する。

3. ゆで上がったパスタを氷水で冷やし、水けを切って軽く塩を振り、2に入れ、よく混ぜ合わせる。

4. 器に盛り、釜揚げしらすをのせ、イタリアンパセリとからすみパウダー（分量外）を散らし、芽ねぎをトッピングする。

ポイント

やわらかめに煮た白いんげん豆を粗くつぶすことで、パスタとソースがうまくからみ、一体感が出てくる。

June

スパゲッティーニ・プッタネスカ

アンチョビの塩気とオリーブの実のジューシーさ、シンプルですが味わい深い、ナポリ名物のパスタは、食欲がないときでも不思議と食べられます。

― **6月のパスタ** ―

◆ 材料（1人分）

ロングパスタ（スパゲッティーニ）……………… 80g
オリーブオイル………………………………… 大さじ2
にんにく（みじん切り）……………………… 小さじ1
赤唐辛子（種を取る）…………………………… 1本
アンチョビフィレ……………………………… 2枚
ケッパー……………………………………… 小さじ1
ブラックオリーブ（種なし）…………………… 3個
グリーンオリーブ（種なし）…………………… 3個
白ワイン……………………………………… 大さじ2
トマトソース（市販品またはP138参照）………… 80cc
EXVオリーブオイル…………………………… 適量
塩……………………………………………… 適量
イタリアンパセリ（みじん切り）……………… 適量

◆ 作り方

1　鍋にオリーブオイルとにんにく、赤唐辛子を入れ、弱火で炒める。

2　にんにくが色づいたら、アンチョビを加えてほぐしながら炒め、ケッパーとオリーブを炒め合わせる。

3　白ワインを入れ、アルコールを飛ばしたら、トマトソースを入れ、ひと煮立ちさせる。

4　ゆで上がったパスタを加えてよく混ぜ合わせ、EXVオリーブオイルと、味をみて塩で調味する。

5　器に盛り、イタリアンパセリを散らす。

一口メモ
アンチョビは刻まなくてもOK。鍋の中でほぐしながら炒めて香りを出す。

July
― 7月のパスタ ―

夏野菜のスパゲッティーニ

なす、ピーマン、トマト、オクラ……、
夏野菜の彩りとそれぞれの食感の違いをパスタと一緒に味わいましょう。

— **7月のパスタ** —

◆ 材料（1人分）

ロングパスタ（スパゲッティーニ）……… 80g
オリーブオイル…………………………… 大さじ1
にんにく（つぶす）……………………………… 1片
赤唐辛子（種を取る）…………………………… 1本
ブラックオリーブ（半分に切る）………… 5個
ケッパー…………………………………… 小さじ1
なす（焼いて皮をむき、1cm幅に切る）…… ½本
赤と黄色のピーマン（1cm幅に切る）
　……………………………………………… 各¼個
フルーツトマト（湯むき・ざく切り）
　…………………………………………… 1と½個
白ワイン…………………………………… 大さじ2
オクラ（ゆでて斜め半分に切る）………… 2本
EXVオリーブオイル……………………… 適量
塩、こしょう……………………………… 各適量
バジル（せん切り）………………………… 適量
イタリアンパセリ（みじん切り）………… 適量
ルッコラ…………………………………… 適量

◆ 作り方

1　鍋にオリーブオイルとにんにく、赤唐辛子を入れ、弱火で炒める。

2　にんにくがきつね色になったら、オリーブとケッパーを入れて炒め、なす、ピーマンを加えて炒め合わす。

3　ピーマンがしんなりしたらトマトを加え、塩少々振って炒め、白ワインを入れ、アルコールを飛ばし煮詰める。汁けが少なくなったら、パスタのゆで汁か水を適宜加える。

4　ゆで上がったパスタとオクラを加えてよく混ぜ合わせ、EXVオリーブオイルをからめ、味をみて塩、こしょうで調味する。

5　器に盛り、バジルとイタリアンパセリを散らし、ルッコラを添える。

 一口メモ

トマトの甘さが足りないときはトマトソースを少し加えることでうま味とコクが出てくる。

July
フルーツトマトの冷製カッペリーニ

ビタミンが豊富で夏の元気の源といわれる真っ赤に熟したトマト。
その自然の甘さと深い味わいを生かした、代表的な冷製パスタです。

― 7月のパスタ ―

◆ 材料（1人分）

ロングパスタ（カッペリーニ）	40g
フルーツトマト（湯むき・くし切り）	2個
ハチミツ	小さじ1
ガーリックソース（P137参照）	小さじ1
EXVオリーブオイル	大さじ1
バルサミコ酢	小さじ1
塩、黒こしょう	各適量
バジル（みじ切り）	1枚
黒粒こしょう（砕く）	適量

◆ 作り方

1 ボウルにフルーツトマトを入れ、塩少々を振っておく。

2 1にハチミツ、ガーリックソース、EXVオリーブオイル、バルサミコ酢、塩、黒こしょう、バジルを加え混ぜる。

3 ゆで上がったパスタを素早く氷水に入れて冷まし、水けをよく切り、塩を振る。

4 2に3を加え混ぜ、器に盛り、黒粒こしょうを振り、バジルのみじん切りと葉（分量外）を飾る。

ポイント

ボウルにトマトを入れ、塩を振ってしばらくおいてから調味料を入れていくと、トマトのうま味がソースにも生かされる。

July
かにの身と あさつきの冷製カッペリーニ

ボウルの中でたちまちできあがる冷製カッペリーニも
合わせる具とあっと驚く盛りつけで、素敵なおもてなしパスタに！

◆ 材料（1人分）

ロングパスタ（カッペリーニ）	40g
かにの身（ゆでて粗ほぐし）	50g
エシャロット（みじん切り）	大さじ1
あさつき（小口切り）	大さじ1
EXVオリーブオイル	大さじ1
あさり汁（P138参照）	小さじ1
レモン汁	小さじ1
塩、こしょう	各適量
ロメインレタス	1枚
花穂	適量
マイクロデトロイト	適量

◆ 作り方

1. ボウルにかにの身、エシャロット、あさつき、EXVオリーブオイル、あさり汁、レモン汁、塩、こしょうを入れ、混ぜ合わせる。

2. ゆで上がったパスタを素早く氷水に入れて冷まし、水けをよく切り、**1**とは別のボウルに入れ、塩、こしょう、EXVオリーブオイル、レモン汁で調味し、器に盛る。

3. **2**の器にロメインレタスを敷き、**1**を盛りつけ、あさつき（分量外）、花穂、マイクロデトロイトを飾る。

ポイント

パスタがゆで上がる直前に、材料をすべてボウルに入れて手早く混ぜ合わせる。

July
マンゴーと生ハムのコンキリエ

生ハムと相性のいい夏の甘いフルーツの組み合わせを
冷製パスタに取り入れて、おしゃれな一品に。
シェル型のカラフルなコンキリエを使い盛りつけも楽しく！

7月のパスタ

◆ 材料（1人分）

ショートパスタ（コンキリエ）	40g
マンゴー（一口大に切る）	½個
アボカド（一口大に切る）	½個
エシャロット（みじん切り）	大さじ½
イタリアンパセリ（みじん切り）	適量
EXVオリーブオイル	大さじ1
レモン汁	小さじ1
塩、こしょう	各適量
サラダ菜	適量
生ハム（一口大にちぎる）	3枚
クレソン	適量

◆ 作り方

1　ゆで上がったパスタをボウルに入れ、EXVオリーブオイルと塩を振ってよく混ぜ、冷ます。

2　別のボウルにマンゴー、アボカド、エシャロット、イタリアンパセリ、EXVオリーブオイル、レモン汁、塩、こしょうを入れ、混ぜ合わせる。

3　2に1を加え混ぜ、サラダ菜を敷いた上に盛りつけ、生ハムとクレソンを飾る。

一口メモ

コンキリエの大きさに合わせて、マンゴーやアボカドをカットすると、フルーツ感がより楽しめる。

July
あゆと万願寺唐辛子のフェデリーニ

つややかな色とやわらかく、ほのかに甘みのある京野菜の万願寺唐辛子と夏の川魚、あゆを組み合わせたパスタ。木の芽で和の風情と香りを添えて。

7月のパスタ

◆ 材料（1人分）

ロングパスタ（フェデリーニ）	80g
あゆ（3枚に下ろす）	1尾
オリーブオイル	大さじ2
にんにく（つぶす）	1片
赤唐辛子（種を取る）	1個
万願寺唐辛子（半分に切り2cm幅の斜め切り）	
赤、緑	各1個
ケッパー	10粒
白ワイン	大さじ2
あさり汁（P138参照）	50cc
水	30cc
塩、こしょう	各適量
木の芽	適量

◆ 作り方

1. あゆは一口大に切り、塩を振って下味をつけておく。
2. 鍋にオリーブオイルとにんにく、赤唐辛子を入れ、弱火で炒める。
3. にんにくがきつね色になったら、あゆを皮目から入れ、両面に焼き色を付けて取り出す。
4. 3の鍋にケッパーと万願寺唐辛子を入れ、軽く塩を振って炒め、火が通ったらあゆを戻し、白ワインを加え、アルコールを飛ばしたら、あさり汁と水を入れ、ひと煮立ちさせ、味をみて塩、こしょうで調味する。
5. ゆで上がったパスタを加えてよく混ぜ合わせ、器に盛り、木の芽を散らす。

ポイント

あゆは皮目から入れ、皮が少しパリッとするように焼きつけると、香りが立ち、おいしさがアップする。

白ワインのアルコールが飛んでからあさり汁と水を加える。

― 8月のパスタ ―

桃とういきょうの冷製カッペリーニ

冷製パスタならではのフルーツを使ったパスタです。
桃との相性がいいういきょうを合わせて甘い香りを存分に味わいましょう。

― **8月のパスタ** ―

◆ 材料（1人分）

ロングパスタ（カッペリーニ）	35g
桃	½個
塩、黒こしょう	各適量
A　うぃきょう（薄切り）	20g
エシャロット（みじん切り）	大さじ1
イタリアンパセリ（みじん切り）	大さじ1
EXVオリーブオイル	大さじ2
レモン汁	小さじ2
ハチミツ	適宜
ディル	適量
ピンクペッパー（砕く）	適量

◆ 作り方

1. 桃は皮と種を取り、5mm厚さに切り、ボウルに入れ、塩、黒こしょうを振る。
2. **1**にAを入れ、よく混ぜ合わせる。
3. ゆで上がったパスタを素早く氷水に入れて冷まし、水けをよく切り、塩を振り、**2**に加え混ぜる。
4. 味をみて塩やレモン汁（分量外）を加えたり、桃に甘みが足りないときはハチミツを少々加えて味を調える。
5. 器に盛りつけ、ディルを飾り、ピンクペッパーを散らす。

ポイント

最後に必ず味をみて、酸味が足りないならレモン汁を、甘みが足りないときはハチミツを加えて味を調える。

パスタに対して具が大きい場合、まずパスタだけ取り出して盛りつけ、桃やういきょうをトッピングするように飾りつける。

August
うにとほたての冷製フェデリーニ

うにとほたて貝柱を使った贅沢な冷製パスタは夏のおもてなしにピッタリ！
ほたてに火を入れすぎないことで甘みとうま味を引き出します。

8月のパスタ

◆ 材料（1人分）

ロングパスタ（フェデリーニ）	35g
ほたて貝柱	1個
塩、こしょう	各適量
白ワイン	60cc
生クリーム	150cc
練りうに	10g
レモン汁	適量
うに	3個
芽ねぎ	適量

◆ 作り方

1　ほたて貝柱に軽く塩、こしょうを振っておく。

2　鍋に1のほたて貝柱と白ワインを入れ、ひと煮したら、ほたて貝柱を取り出し、白ワインを煮詰める。

3　生クリームを加え、煮立たせたら火を止め、粗熱が取れたら練りうにを入れて混ぜ合わせ、氷水に浮かべたボウルに移して冷やす。

4　2で取り出したほたて貝柱は粗熱が取れたら、3枚にスライスする。

5　ゆで上がったパスタを素早く氷水に入れて冷まし、水けをよく切り、塩を振って3のソースに加えてよく混ぜ合わせる。

6　味をみて、レモン汁、塩、こしょうで調味し、器に盛り、4のほたて貝柱とうにをのせ、芽ねぎを散らす。

―口メモ

サラダ感覚で食べる冷製パスタなので、ほたて貝柱は必ず余熱で調理すること。ほたて貝柱の下ごしらえとソースはパスタをゆで始める少し前から準備しておくと、タイミングよく仕上げられる。

August
リングイネ・ペスカトーレ

魚介類から出るおいしいだしを生かしたトマトソースのパスタ。
ペスカトーレとは「漁師」という意味で、魚介の煮込み料理から生まれました。

8月のパスタ

◆ 材料（1人分）

ロングパスタ（リングイネ）	70g
オリーブオイル	大さじ1
にんにく（つぶす）	1片
赤唐辛子（種を取る）	1本
無頭えび（殻と背わたを取る）	3尾
いか（2cm幅の輪切り）	3切れ
あさり（砂出しする）	5個
白ワイン	大さじ2
水	適量
トマトの水煮（缶詰・汁けを切る）	100cc
EXVオリーブオイル	適量
塩	適量
イタリアンパセリ（みじん切り）	適量

◆ 作り方

1. 鍋にオリーブオイルとにんにく、赤唐辛子を入れ、弱火で炒める。

2. にんにくがきつね色になったら取り出し、えび、いかの順に入れ、軽く塩を振って中火で炒める。

3. えびの色が赤く変わったら、あさりを加えて炒め、白ワインを入れ、フタをして少し蒸す。

4. あさりの口が開いたらフタを開け、煮詰まっていたら水を足し、トマトの水煮を加え、弱火で煮る。

5. 少し硬めにゆでたパスタを加え、煮含めるようにしてソースとからめ、EXVオリーブオイルと、味をみて塩で調味する。

6. 器に盛りつけ、イタリアンパセリを散らす。

一口メモ

トマトの水煮を加え、煮詰めたら、味をみて、ソースに魚介の味が出ていないようなら、少し水を足しながら弱火で煮て魚介の味を十分に出すことがいちばんのポイント。

August
いさきとドライトマトのチカテッリ

素朴な手打ちショートパスタ、チカテッリを使って、
いさきとドライトマトを組み合わせたソースでもちもち感を味わいます。

8月のパスタ

◆材料（1人分）

ショートパスタ（チカテッリ・作り方はP10）……………………………………50g	ブラックオリーブ（刻む）……………3個
いさき（切り身）………………………60g	ドライトマト……………………………2個
塩、こしょう……………………… 各適量	白ワイン……………………………大さじ2
オリーブオイル……………………大さじ1	あさり汁（P138参照）……………大さじ3
にんにく（つぶす）………………………1片	EXVオリーブオイル……………………適量
赤唐辛子（種を取る）……………………1本	イタリアンパセリ（みじん切り）………適量
ケッパー…………………………小さじ1	からすみパウダー………………………適量
	ルッコラ…………………………………適量

◆作り方

1 いさきを一口大に切り、塩、こしょうを振っておく。

2 鍋にオリーブオイルとにんにく、赤唐辛子を入れ、弱火で炒める。

3 にんにくがきつね色になったら、赤唐辛子を取り出し、いさきを皮目から入れ、両面焼き色をつける。

4 ケッパー、オリーブ、ドライトマトを加え炒め合わせる。

5 白ワインを入れ、アルコールを飛ばしたら、あさり汁を加え、いさきを箸で軽くほぐす。

6 ゆで上がったパスタを加え混ぜ、EXVオリーブオイルを入れてよく混ぜ合わせ、味をみて塩、こしょうで調味する。

7 器に盛り、イタリアンパセリ、からすみパウダーを散らし、ルッコラを飾る。

ポイント

いさきの身を箸で少しほぐすことで、ソースがパスタとからみやすくなる。

August

えびのマスタードソース・冷製カッペリーニ

粒マスタードの辛みがピリッと効いたドレッシングで和えた冷製パスタ。大胆なぼたんえびの盛りつけが目を引きます。

8月のパスタ

◆ 材料（1人分）

ロングパスタ（カッペリーニ）	35g
ぼたんえび（生食用）	6尾
A 粒マスタード	小さじ1
レモン汁	大さじ½
EXVオリーブオイル	大さじ1
水	大さじ1
塩	少々
塩、こしょう	各適量
あさつき（3cm長さに斜め切り）	適量

◆ 作り方

1. えびは背わたを取り、塩を入れた熱湯でさっと湯がき、氷水に入れ、粗熱を取ったら、殻をはずし、水けを拭き取る。

2. ボウルにAを入れ、氷で冷やしながらよく混ぜ合わせる。

3. ゆで上がったパスタを素早く氷水に入れて冷まし、水けをよく切り、塩を振って、**1**のえびといっしょに**2**に加え混ぜる。

4. 味をみてレモン汁（分量外）、EXVオリーブオイル（分量外）、塩、こしょうで調味し、器に盛りつけ、あさつきを飾る。

ポイント

えびとパスタにドレッシングをしっかりからませるように混ぜ合わせる。

September
― 9月のパスタ ―

かぼちゃとクルミ、生ハムのラビオリ

パスタ生地を四角くカットして、真ん中にかぼちゃとクルミの具を絞り、四隅をくっつけるだけ！可愛いカタチのラビオリです。

9月のパスタ

◆材料（1人分）

ラビオリの生地（作り方P9参照）	6枚
卵黄	適量
ラビオリの具	適量
バター	30g
セージ	1枚
黒粒こしょう（砕く）	少々
白ワイン	大さじ1
ブイヨンまたは水	30cc
パルミジャーノ（パウダー）	大さじ1
パルミジャーノ（薄削り）	適量
イタリアンパセリ（みじん切り）	適量
クルミ（砕く）	適量

ラビオリの具

◆材料（約8人分）

かぼちゃ（ゆでてつぶす）	250g
生ハム（みじん切り）	25g
クルミ（刻み）	15g
パルミジャーノ（パウダー）	30g
リコッタチーズ	120g
ナツメ（粉）	少々
塩、こしょう	各適量

◆作り方

材料をすべて混ぜ合わせる。

◆作り方

1. ラビオリの生地のまわりに卵黄を薄く塗って、絞り袋に入れた具をティースプーン1杯分くらいをのせる。
2. 茶巾包みのように四隅を上げ、空気を抜きながら隣り合う辺を貼り合わせ、塩（分量外）を入れた熱湯で3分半くらいゆでる。
3. 鍋にバターとセージ、黒粒こしょうを入れ、中火で炒める。
4. バターの泡が小さくなり、セージの香りが立ってきたら、白ワインを入れアルコールを飛ばし、ブイヨンまたは水を加えてひと煮立ちさせ、2のラビオリを加え、パルミジャーノを入れてよく混ぜ合わす。
5. 器に盛り、削ったパルミジャーノとイタリアンパセリ、クルミを散らす。

ポイント

具は生地の真ん中に、こんもり高く絞り出す。具を広げてしまうと、生地を貼り付けにくくなるので注意。

向かい合う角と角を合わせていく。このとき空気を抜きながら包むと皮がはがれにくい。

September
ブラックオリーブペーストの
オッキ・ディ・ルーポ

風味豊かでコクのあるブラックオリーブペーストのソースを
太いマカロニ、オッキ・ディ・ルーポにからめて、
食べごたえのあるパスタ料理に仕上げます。

9月のパスタ

◆ 材料（1人分）

ショートパスタ（オッキ・ディ・ルーポ）	60g
オリーブオイル	大さじ1
にんにく（つぶす）	1片
赤唐辛子（種を取る）	1本
アンチョビフィレ（細切り）	1枚
ケッパー（みじん切り）	小さじ1
ブラックオリーブペースト（市販品）	30g
白ワイン	大さじ2
水	大さじ2
塩、こしょう	各適量
リコッタチーズ	適量
イタリアンパセリ（みじん切り）	適量
ルッコラ	適量

◆ 作り方

1. 鍋にオリーブオイルとにんにく、赤唐辛子を入れ、弱火で炒める。
2. にんにくがきつね色になったらアンチョビ、ケッパー、ブラックオリーブペーストの順に入れ、炒め合わせる。
3. 白ワインを入れ、なじませながらアルコールを飛ばし、水を加えて軽く煮詰める。
4. ゆで上がったパスタを加えてよく混ぜ合わせ、味をみて塩、こしょうで調味する。
5. 器に盛り、リコッタチーズ、イタリアンパセリ、ルッコラをトッピングする。

ポイント

にんにくと赤唐辛子を炒めたオリーブオイルに、アンチョビ、ケッパーの味を移してからブラックオリーブペーストを加える。

September

ツナとグリーンオリーブのカサレッチェ

鮮やかなグリーンオリーブがごろっと入って、いつものトマトパスタが大変身。オリーブのフレッシュな果実感を楽しめます。

― **9月のパスタ** ―

◆ 材料（1人分）

ショートパスタ（カサレッチェ）…………… 60g
オリーブオイル……………………………… 大さじ1
にんにく（つぶす）………………………… 1片
赤唐辛子（種を取る）……………………… 1本
グリーンオリーブ（種なし）……………… 5個
ツナ（缶詰・油を切る）…………………… 40g
白ワイン……………………………………… 大さじ2
トマトソース（市販品またはP138参照）……… 100cc
EXVオリーブオイル………………………… 適量
塩、こしょう………………………………… 各適量
イタリアンパセリ（刻み）………………… 適量

◆ 作り方

1　鍋にオリーブオイルとにんにく、赤唐辛子を入れ、弱火で炒める。

2　にんにくがきつね色になったら、グリーンオリーブとツナを入れ、軽く炒め合わせる。

3　白ワインを加えてアルコールを飛ばしたら、トマトソースを入れる。

4　ゆで上がったパスタとEXVオリーブオイルを加えてよく混ぜ合わせ、味をみて塩、こしょうで調味する。

5　器に盛り、イタリアンパセリを散らす。

一口メモ

ツナ缶はフレークタイプよりブロックタイプのほうが、ツナのうま味と食感が味わえる。少しつぶしながら炒めてソースとなじませるのもポイント。

September
里いもと長ねぎのペンネ

里いものねっとりとした食感が、パスタソースの絶妙なつなぎ役に！
長ねぎをプラスして和の食材を効果的に使いました。

9月のパスタ

◆ 材料（1人分）

ショートパスタ（ペンネ）	40g
オリーブオイル	大さじ1
にんにく（つぶす）	2片
赤唐辛子（種を取る）	1本
ローズマリー	5cm 1本
長ねぎ（粗みじん切り）	1/3本
里いも（ゆでてざく切り）	大1個
白ワイン	大さじ2
水	大さじ2
EXVオリーブオイル	適量
塩、こしょう	各適量
イタリアンパセリ（みじん切り）	適量
生ハム	1/2枚

◆ 作り方

1. 鍋にオリーブオイルとにんにく、赤唐辛子、ローズマリーを入れ、弱火で炒める。

2. にんにくがきつね色になり、香りがたってきたら、ローズマリーを取り出す。

3. 長ねぎを加えて炒め合わせ、里いもを加えたら半量をフォークの背で粗くつぶしながら炒める。白ワインを入れ、アルコールを飛ばしたら、水を加える。

4. ゆで上がったパスタを加え、EXVオリーブオイルを入れてよく混ぜ合わせ、味をみて塩、こしょうで調味する。

5. 器に盛り、イタリアンパセリを散らし、生ハムをさいて飾る。

一口メモ

里いもは少しやわらかめにゆで、つぶしやすくしておくとソースがからみやすくなる。ここでは、里いもの食感を楽しむというより、つなぎとしての役割が重要。

鶏肉のパスタ・カチャトーラ風

カチャトーラとは「猟師の」という意味で、
トマト味の鶏煮込み料理というイメージが強いのですが、
ここでは鶏肉を白いソースで仕上げ、パスタにからめました。

― **9月のパスタ** ―

◆ 材料（1人分）

ショートパスタ（ペンネ）	50g
鶏もも肉（一口大に切る）	130g
塩、黒こしょう	各適量
小麦粉	適量
オリーブオイル	大さじ2
にんにく（つぶす）	½片
バター	10g
ブラックオリーブ（種なし）	5個
白ワインビネガー	10cc
白ワイン	大さじ1
ブイヨン	大さじ4
パルミジャーノ（パウダー）	大さじ1
黒粒こしょう（砕く）	適量
ルッコラ	適量

◆ 作り方

1. 鶏肉は塩、黒こしょうを振り、皮目に薄く小麦粉をつけておく。
2. 鍋にオリーブオイルとにんにくを入れ、弱火で炒める。
3. にんにくが色づいたら鶏肉を中火で炒め、皮がパリッとしたら裏面を炒める。
4. 余分な油を捨て、バターとオリーブを入れて弱火にかけ、バターが溶けたら白ワインビネガーを加える。
5. 白ワインを加え、アルコールを飛ばし、ブイヨンを加えてひと煮立ちさせる。
6. ゆで上がったパスタを加え混ぜ、火を止めてからパルミジャーノを入れてよく混ぜ合わせ、味をみて塩、黒こしょうで調味する。
7. 器に盛り、黒粒こしょうを散らし、ルッコラを飾る。

ポイント

鶏肉は皮目から炒め、写真のように皮に焼き色がついてパリッとなったら、裏返して同じように焼く。

ブイヨンを加えるとき、水けが少なくなっていたら水を適宜加える。

October

― 10月のパスタ ―

カサレッチェ・トラパネーゼ

トラパネーゼはバジルのジェノベーゼソースに似た、アーモンドとトマトが入ったシチリア風のソースのこと。作っておけばパスタ以外でも使えます。

10月のパスタ

◆ 材料（1人分）

ショートパスタ（カサレッチェ）………70g	アーモンド（砕く）……………………適量
トラパネーゼソース…………………40g	ガーリックパン粉（P138参照）………適量
パスタのゆで汁………………………適量	ペコリーノ・ロマーノ（薄削り）………適量
塩、こしょう……………………各適量	バジル………………………………適量

トラパネーゼソース

◆ 材料（約4人分）

皮なしアーモンド※（刻む）………40g
にんにく（すりおろし）……………½片
バジル………………………………40g
セミドライトマト（水で戻してみじん切り）
……………………………………10g
オリーブオイル……………大さじ5
ペコリーノ・ロマーノ(パウダー)…大さじ1
塩、こしょう……………各適量
※皮付きアーモンドを水につけておけば皮がむける

◆ 作り方

アーモンドをすり鉢で粗くすりつぶし、にんにく、バジル、セミドライトマトを加え、オリーブオイルを少しずつ入れながらすりつぶし、ペコリーノ・ロマーノを混ぜ、塩、こしょうで調味する。冷凍保存可。

トラパネーゼソースはフードプロセッサーでも作れるが、すり鉢で粗めにすりつぶしたほうが、パスタといっしょに食べたときに食感や香りが楽しめる。

◆ 作り方

1. 鍋にトラパネーゼを入れ、パスタのゆで汁を少しずつ加えながら伸ばしていく。

2. なめらかなソースになったら、ゆで上がったパスタを加え、弱火でソースとよく混ぜ合わせ、味をみて塩、こしょうで調味する。

3. 器に盛り、アーモンド、ガーリックパン粉を振り、ペコリーノ・ロマーノを散らし、バジルを飾る。

October

ポルチーニと
エリンギのフェットチーネ

秋はきのこの季節。独特の香りのポルチーニと食感が楽しいエリンギを
組み合わせたソースは、相性のいい手打ちの平麺、フェットチーネと合わせて!

10月のパスタ

◆ 材料（1人分）

ロングパスタ（フェットチーネ）	60g
オリーブオイル	大さじ1
にんにく（つぶす）	½片
エリンギ（薄切りを一口大に切る）	大1本
塩、黒こしょう	各適量
バター	5g
乾燥ポルチーニ（ぬるま湯でもどす）	15g
白ワイン	大さじ1
ポルチーニのもどし汁	大さじ2
生クリーム	100cc
パルミジャーノ（パウダー）	大さじ1
黒粒こしょう（砕き）	適量
パルミジャーノ（薄削り）	適量

◆ 作り方

1. 鍋にオリーブオイルとにんにくを入れ、弱火で炒める。

2. にんにくがきつね色になったら、エリンギを入れ、塩、黒こしょうを軽く振って両面炒める。

3. バターを加え、ポルチーニを入れて炒め合わせる。白ワインを加え、アルコールを飛ばしたら、ポルチーニのもどし汁を加えて少し煮詰める。

4. 生クリームを入れ、ひと煮立ちさせたら、火を止める。ゆで上がったパスタを入れ、パルミジャーノを加えてよく混ぜ合わせ、味をみて塩、黒こしょうで調味する。

5. 器に盛り、黒粒こしょうと削ったパルミジャーノを散らす。

ポイント

白ワインのアルコールを飛ばしてからポルチーニのもどし汁を入れる。

ソースが少し煮詰まってから生クリームを入れ、ひと煮立ちさせたらすぐに火を止めてパスタとからめる。

October

マッシュルームとチキンの
クリームソース・フェットチーネ

生クリームと相性のいいマッシュルームをたっぷり使ったパスタは、
まさに秋の定番パスタです。淡泊な鶏のささみも濃厚なソースでうま味アップ！

10月のパスタ

◆ 材料（1人分）

ロングパスタ（ほうれん草入りフェットチーネ）	60g
鶏のささみ	60g
バター	15g
黒粒こしょう（砕き）	適量
マッシュルーム（薄切り）	70g
白ワイン	大さじ2
生クリーム	80cc
パルミジャーノ（パウダー）	大さじ1
塩、黒こしょう	各適量
あさつき（小口切り）	適量
パルミジャーノ（薄削り）	適量

◆ 作り方

1. 塩、こしょうで下味をつけた鶏のささみを沸かせた湯に入れ、再び沸騰したら火から下ろし、2分たったら、ひっくり返し、2分たったら取り出して水けを拭き取り、ほぐす。

2. 鍋にバターと黒粒こしょうを入れ、マッシュルームを炒める。

3. マッシュルームに火が通ったら、塩を振り、白ワインを加えて、アルコールを飛ばす。

4. 生クリームを加え、ひと煮立ちさせたら火から下ろし、ほぐした鶏のささみを加える。

5. ゆで上がったパスタを入れ、パルミジャーノを加えてよく混ぜ合わせ、味をみて塩、黒こしょうで調味する。

6. 器に盛り、あさつき、削ったパルミジャーノ、黒粒こしょうを散らす。

一口メモ

クリーム系のソースには黒こしょうが合うので、黒粒こしょうを粗く砕いたものを用意しておくと便利。

October

きのこと卵のクリームグラタン

真ん中に卵を落として焼き上げた、クリーミーなグラタン。
きのこづくしの味のハーモニーを存分に楽しめます。

10月のパスタ

◆ 材料（2人分）

ショートパスタ（オッキ・ディ・ルーポ）…50g	バター……………………………………10g
オリーブオイル……………………大さじ2	白ワイン…………………………………40cc
にんにく（つぶす）……………………½片	生クリーム……………………………100cc
玉ねぎ（粗みじん切り）………………40g	トマトソース（市販品またはP138参照）..50cc
しめじ（ほぐす）………………………40g	ツナ（缶詰）……………………………60g
まいたけ（ほぐす）……………………40g	パルミジャーノ（パウダー）………大さじ2
マッシュルーム（薄切り）……………40g	卵…………………………………………1個
塩、こしょう…………………………各適量	イタリアンパセリ（刻み）……………適量

◆ 作り方

1. 鍋にオリーブオイルとにんにくを入れ、弱火で炒め、にんにくがきつね色になったら玉ねぎを入れて炒める。

2. 玉ねぎが透き通ってきたら、3種類のきのこを入れ、塩、こしょうを軽く振って炒める。

3. きのこの味が出てきたら、バターを加え溶かし、白ワインを入れる。

4. 白ワインのアルコールを飛ばし、生クリームを加えてひと煮立ちさせ、トマトソースを加え、再び煮立ったら火を止める。

5. ゆで上がったパスタとパルミジャーノを加えてよく混ぜ合わせ、味をみて塩、こしょうで調味し、最後にツナを入れて混ぜる。

6. 内側にバター（分量外）を塗った器に盛り、真ん中に卵を落とし、パルミジャーノ（分量外）を振り、200℃で余熱したオーブンで10分焼く。

7. オーブンから取り出し、イタリアンパセリを散らす。

ポイント

トマトソースを入れるタイミングは、生クリームがひと煮立ちして、ぶくぶくと泡立ってきたら。

トマトソースを入れてかき混ぜ、再び泡立ってきたら火を止めてパスタを加える。

October

きのことサルシッチャのフェットチーネ

ジューシーなイタリアの生ソーセージ、サルシッチャをほぐして使うと、
熟成した肉の深みが出て、とてもふくよかな味わいになります。

10月のパスタ

◆ 材料（1人分）

ロングパスタ（フェットチーネ）	60g
オリーブオイル	大さじ1
にんにく（つぶす）	½片
黒粒こしょう（砕く）	少々
玉ねぎ（みじん切り）	½個
サルシッチャ	1本
マッシュルーム	15g
しめじ	20g
まいたけ	15g
エリンギ	25g
トリュフオイル	小さじ1
白ワイン	40cc
ブイヨン	60cc
パルミジャーノ（パウダー）	大さじ1
塩、黒こしょう	各適量
イタリアンパセリ（刻み）	適量

◆ 作り方

1. 鍋にオリーブオイルとにんにく、黒粒こしょうを入れ、弱火で炒め、にんにくがきつね色になったら、玉ねぎを炒める。

2. 玉ねぎが透き通ってきたら、サルシッチャをほぐし入れ、炒め合わせる。

3. きのこ4種を入れ、塩を軽く振って炒め、しんなりしてきたら、トリュフオイルを振り入れる。

4. 白ワインを加え、アルコールを飛ばし、少し煮詰めたらブイヨンを加え、さらに少し煮込む。

5. ゆで上がったパスタを入れ、風味付けにバター（分量外）とパルミジャーノを加えてよく混ぜ合わせ、味をみて塩、黒こしょうで調味する。器に盛り、イタリアンパセリを散らす。

ポイント

サルシッチャはスプーンで鍋の底に押しつけるようにして、つぶしながら炒めると、ジューシーなうま味が具材に移っておいしくなる。

November
— 11月のパスタ —

サーモンとうにの クリームソース・フェットチーネ

脂ののったサーモンが主役のクリーミーなパスタ。
生クリームの甘みとコクにフルーツトマトのほのかな酸味がよく合います。

11月のパスタ

◆ 材料（1人分）

ロングパスタ（ほうれん草入りフェットチーネ）	60g
サーモン	80g
塩、こしょう	各適量
オリーブオイル	大さじ1
にんにく（つぶす）	½片
黒粒こしょう（砕く）	少々
玉ねぎ（薄切り）	¼個
白ワイン	大さじ2
練りうに	大さじ1
フルーツトマト（湯むき・角切り）	小1個
生クリーム	100cc
パルミジャーノ（パウダー）	大さじ1
うに	適量
イタリアンパセリ（刻み）	適量

◆ 作り方

1. サーモンは皮を引き、骨を外して一口大に切り、軽く塩、こしょうを振る。
2. 鍋にオリーブオイルとにんにく、黒粒こしょうを入れ、弱火で炒める。
3. にんにくがきつね色になったら、玉ねぎを炒める。
4. 1のサーモンを加え炒め、白ワインを入れ、アルコールを飛ばしたら、練りうにを炒め溶かす。
5. トマトを加え炒め、生クリームを入れ、ひと煮立ちさせたら火を止める。
6. ゆで上がったパスタとパルミジャーノを加えてよく混ぜ合わす。
7. 器に盛り、うにをのせ、イタリアンパセリを散らし、こしょうを振る。

ポイント

サーモンは炒め過ぎると硬くなってしまうので、表面が白くなり、8割くらい火が通ったところで白ワインを注ぎ入れる。

November
じゃがいもとたこのスパゲッティ

ホクホクのじゃがいもとプリプリのたこ、この意外な組み合わせも、にんにくを効かせたソースがからみあって、秋の食欲を満たします。

― **11**月のパスタ ―

◆ 材料（1人分）

ロングパスタ（スパゲッティ）	80g
じゃがいも（5mm幅のイチョウ切り）	½個
生だこの足（薄くそぎ切り）	50g
塩、こしょう	各適量
オリーブオイル	大さじ1
にんにく（つぶす）	2片
ローズマリー	5cm1本
白ワイン	大さじ2
あさり汁（P138参照）	150cc
EXVオリーブオイル	適量
イタリアンパセリ（みじん切り）	適量
パプリカ	適量

◆ 作り方

1 じゃがいもは少しやわらかめにゆでる。

2 たこに軽く塩、こしょうを振る。

3 鍋にオリーブオイルとにんにく、ローズマリーを入れ、弱火で炒め、香りが立ってきたら、ローズマリーを取り出す。

4 2のたこを加え、さっと炒めたら白ワインを入れ、アルコールを飛ばし、あさり汁を加える。

5 1のじゃがいもを加え、炒め合わせる。

6 ゆで上がったパスタを加え、EXVオリーブオイルとよく混ぜ合わせ、味をみて、塩、こしょうで調味する。

7 器に盛り、イタリアンパセリを散らし、パプリカを振る。

一口メモ

じゃがいもは角が少しくずれるくらいホクホクにゆでるのがポイント。また、たこはゆでだこをつかってもOK。

November
かぶのジェノベーゼ・リングイネ

かぶのふっくらとした自然の甘みとほのかな苦みを
かぶの葉と小松菜で作ったジェノベーゼソースにからめて味わいます。
トッピングしたかぶの姿もキュートで、食欲をそそります。

— **11月のパスタ** —

◆ 材料（1人分）

ロングパスタ（リングイネ）……………80g	かぶの葉と小松菜のジェノベーゼソース
オリーブオイル………………………大さじ1	……………………………………………50g
にんにく（つぶす）……………………… ½片	塩、こしょう………………………各適量
赤唐辛子（種を取る）……………………1本	クルミ（砕く）……………………………2個
かぶ（くし形に8等分しゆでる）…………1個	パルミジャーノ（パウダー）……………適量
パスタのゆで汁……………………大さじ3	イタリアンパセリ（みじん切り）………適量

かぶの葉と小松菜のジェノベーゼソース

◆ 材料（約15人分）

- 松の実……………………………………50g
- にんにく……………………………………1片
- EXVオリーブオイル……………100cc
- かぶの葉（ざく切り）……………………175g
- 小松菜（ざく切り）………………………175g
- バジル……………………………………10g
- パルミジャーノ（パウダー）………150g
- 塩、こしょう………………………各適量

◆ 作り方

1 松の実とにんにくにEXVオリーブオイルを少し加え、ミルサー（またはフードプロセッサー）にかけ、ペースト状にする。

2 かぶの葉、小松菜、バジルとEXVオリーブオイルを加え、再びミルサーにかける。

3 パルミジャーノを加え、さらにミルサーにかけ、味をみて塩、こしょうで調味する。

4 ボウルに取り、氷水を張ったボウルを下に当てて冷やし、使わない分は冷凍用保存袋に入れ、冷凍する。

◆ 作り方

1 鍋にオリーブオイルとにんにく、赤唐辛子を入れ、弱火で炒める。

2 下ゆでしたかぶを半分だけ入れて炒め合わせ、パスタのゆで汁を加える。

3 ゆで上がったパスタとかぶの葉と小松菜のジェノベーゼソースを加え混ぜ、味をみて塩、こしょうで調味し、器に盛る。

4 残りのかぶをのせ、クルミ、パルミジャーノ、イタリアンパセリを散らす。

November

はまぐりのトマトスープ・コンキリエ

はまぐりの上品なうま味でパスタも野菜もおいしくなるナポリ風のスープパスタ！
仕上げの黒こしょうで味をきりっと引き締めます。

― **11月のパスタ** ―

◆ 材料（1人分）

ショートパスタ（コンキリエ）	40g
オリーブオイル	大さじ2
にんにく（つぶす）	½片
赤唐辛子（種を取る）	1本
はまぐり（砂出しする）	6個
白ワイン	80cc
あさり汁（P138参照）	80cc
水	100cc
フルーツトマト（湯むき・角切り）	1個
塩、黒こしょう	各適量
せん切り野菜（にんじん、ポワロ、ズッキーニ）	各15g
EXVオリーブオイル	適量
バジル（せん切り）	適量

◆ 作り方

1 鍋にオリーブオイルとにんにく、赤唐辛子を入れ、弱火で炒める。

2 にんにくがきつね色になったら、はまぐりを加え、白ワインを入れ、アルコールを飛ばしたら、あさり汁と水を加え、フタをして少し蒸す。

3 はまぐりの口が開いたら取り出し、殻から身をはずす。

4 トマトとせん切り野菜を入れ、ひと煮したら、はまぐりのむき身を戻し、ゆで上がったパスタを加えて煮含ませ、味をみて塩で味を調える。

5 器に盛り、EXVオリーブオイルを回しかけ、黒こしょうを振ってバジルを飾る。

ポイント

はまぐりは口が開いたものから順に取り出し、殻から身をはずしておく。

November

白身魚とポワロの
トマトソース・パッケリ

ソースにポワロとたいのうま味がしっかり出るまでコトコトじっくり煮込んで、ボリュームのあるショートパスタ、パッケリにも味を煮含ませます。

― 11月のパスタ ―

◆ 材料（1人分）

ショートパスタ（パッケリ）……………………… 6個
たい（皮を引き骨をはずす）……………………… 80g
塩、こしょう………………………………………… 各適量
オリーブオイル……………………………… 大さじ2
にんにく（つぶす）………………………………… ½片
赤唐辛子（種を取る）……………………………… 1個
ポワロ（1.5cm幅の輪切り）……………………… 90g
フルーツトマト（湯むき・くし切り）………… 小2個
白ワイン……………………………………… 大さじ2
あさり汁（P138参照）…………………………… 80cc
EXVオリーブオイル……………………………… 適量
バジル（せん切り）………………………………… 適量

◆ 作り方

1 たいは一口大に切り、軽く塩、こしょうを振る。

2 鍋にオリーブオイルとにんにく、赤唐辛子を入れ、弱火で炒める。

3 にんにくがきつね色になったら、赤唐辛子を取り出し、ポワロを入れ、軽く塩、こしょうを振り、弱火で炒める。

4 たいを入れて炒め、トマトを加え、軽く塩を振って炒め合わせる。

5 白ワインを加え、アルコールを飛ばしたら、あさり汁を入れ、弱火で煮込む。

6 水を適宜加えながら煮含め、ゆで上がったパスタを加え混ぜ、少し味を含ませてからEXVオリーブオイルと、味をみて塩で調味する。

7 器に盛り、バジルを散らす。

ポイント

ポワロの甘みを十分に引き出すために、炒める前に塩、こしょうを振り、弱火で両面をじっくり焼き付ける。

様子を見て水を足しながら、トマトが煮くずれるくらいまでコトコト弱火で煮ていく。

December
― 12月のパスタ ―

ベーコンと下仁田ねぎのラザニア

生のままでは辛いのに、加熱すると甘みが強くなる下仁田ねぎを
たっぷり使ったラザニア。それぞれ違う味と食感が重なり合う一品です。

— **12**月のパスタ —

◆ 材料(2人分)

パスタ(ラザニア・作り方はP9)	4枚
オリーブオイル	大さじ1
にんにく(つぶす)	½片
下仁田ねぎ(四角切り)	200g
塩、黒こしょう	各適量
ベーコン(角切り)	60g
白ワイン	大さじ2
トマトソース(市販品またはP138参照)	大さじ3
フルーツトマト(1cm厚さの輪切り)	2個
ホワイトソース(市販品)	大さじ3
パルミジャーノ(パウダー)	適量
グリエールチーズ(薄削り)	適量
バター	適量

◆ ラザニアの重ね方

↓

↓

↓

↓

↓

↓

◆ 作り方

1 鍋にオリーブオイルとにんにくを入れ、弱火で炒める。

2 にんにくがきつね色になったら、下仁田ねぎを入れ、軽く塩、黒こしょうを振り炒める。

3 ベーコンを加え炒め、白ワインを入れ、アルコールを飛ばす。

4 内側にバター(分量外)を塗った器にゆで上がったラザニアの生地を敷き、3の具を広げ、トマトソース、トマト、ホワイトソース、パルミジャーノ、グリエールチーズの順に重ねていく。

5 最後に、残ったトマトソースとバターを散らし、200℃で余熱したオーブンで15分焼き、焼き色をつける。

December

れんこんとアンチョビのスパゲッティーニ

アンチョビの塩味と風味をまとったれんこんのシャキシャキとした歯ごたえがクセになりそう。にんにくと唐辛子のトッピングも効いています。

― **12月のパスタ** ―

◆ 材料（1人分）

ロングパスタ（スパゲッティーニ）	80g
れんこん（3mm厚さの輪切り）	35g
オリーブオイル	大さじ2
にんにく（芯を取り薄切り）	1片
赤唐辛子（種を取る）	1本
アンチョビフィレ（細切り）	3枚
水	90cc
塩、こしょう	各適量
イタリアンパセリ（みじん切り）	適量

◆ 作り方

1. れんこんは水にさらしてアクをぬき、熱湯でゆで、水けを切る。
2. 鍋にオリーブオイルとにんにく、赤唐辛子を入れ、弱火で炒める。
3. にんにくがきつね色になったら、にんにくと赤唐辛子を取り出し、にんにくには軽く塩を振っておく。
4. アンチョビを炒め、れんこんを加えて炒め合わせ、水を加え、ひと煮立ちさせる。
5. ゆで上がったパスタを加えてよく混ぜ合わせ、味をみて塩、こしょうで調味する。
6. 器に盛り、取り出したにんにくと赤唐辛子を飾り、イタリアンパセリを散らす。

ポイント

れんこんを炒めたら、オリーブオイルの約3倍の水を加える。

December

かにのクリームパスタグラタン

太く短いショートパスタ、カラマーリをつかって、いつもとはちょっと違うグラタンに挑戦！主役のかにとホクホクのじゃがいものいい関係を楽しんで。

— 12月のパスタ —

◆ 材料（2人分）

ショートパスタ（カラマーリ）	70g
バター	20g
にんにく（みじん切り）	½片
エシャロット（みじん切り）	20g
かにの身（冷凍）	120g
ブランデー	小さじ½
白ワイン	40cc
生クリーム	160cc
じゃがいも（ゆでる・拍子切り）	小1個
塩、こしょう	各適量
パルミジャーノ（パウダー）	大さじ2
パン粉	適量
アーモンドスライス	適量

◆ 作り方

1. 鍋にバターとにんにくを入れ、弱火で炒め、香りが立ってきたらエシャロットを加え炒める。

2. ほぐしたかにの身の⅔を入れて炒め、ブランデー、白ワインの順に入れ、アルコールを飛ばし、生クリームを加える。

3. じゃがいもを加え、ひと煮立ちさせたら、味をみて塩、こしょうで調味する。

4. ゆで上がったパスタを入れ、パルミジャーノを加えてよく混ぜ合わせる。

5. 内側にバター（分量外）を塗った器に入れ、残りのかにの身を広げ、パルミジャーノ（分量外）をたっぷり振り、パン粉とバター（分量外）をのせ、200℃で余熱したオーブンで12分焼く。

6. 焼き上がったら、アーモンドスライスを散らす。

ポイント

パルミジャーノは器に盛る前にパスタとからめ、オーブンに入れる前にもたっぷりかける。

December

サーモンのクリームパスタ・包み焼き

クリスマスなどお祝いの席で話題を集める包み焼きは、生地をくずした瞬間の驚きを演出したいもの。リボン型のパスタに色のきれいなサーモンで華やかに。

12月のパスタ

◆ 材料（2人分）

ショートパスタ（ファルファーレ） ……… 70g	フルーツトマト（湯むき・角切り）…… ½個
バター ……………………………………… 25g	バジル（ざく切り）……………………… 2束
玉ねぎ（薄切り）………………………… 60g	パルミジャーノ（パウダー）……… 大さじ1
マッシュルーム（5mm幅の薄切り）…… 4個	イタリアンパセリ（みじん切り）……… 適量
塩、黒こしょう……………………… 各適量	ピザ生地（市販品）……………………… 1枚
スモークサーモン（4等分に切る）…… 5枚	卵黄……………………………………… 少々
ブランデー……………………………小さじ½	粗塩……………………………………… 少々
白ワイン……………………………… 大さじ1	ローズマリー…………………………… 少々
生クリーム ………………………… 150cc	

◆ 作り方

1. 鍋にバター20gを入れ、弱火で溶かし、玉ねぎを加えて炒め、しんなりしたら、マッシュルームを入れ、軽く塩、黒こしょうを振り、炒め合わせる。

2. スモークサーモンを加え、ブランデーを振って炒め、白ワインを加えてアルコールを飛ばす。

3. 生クリームを入れてひと煮立ちさせ、トマトを加え、味をみて塩、黒こしょうで調味する。

4. ゆで上がったパスタを加え、バジル、パルミジャーノとバター5gと黒こしょうを加えてよく混ぜ合わせる。

5. 内側にバター（分量外）を塗った器に入れ、パルミジャーノ（分量外）をたっぷり振り、イタリアンパセリを散らす。

6. 器の縁に卵黄を塗り、薄くのばし、器がすっぽりかぶる大きさにカットしたピザ生地をかぶせ、縁を押さえる。表面に卵黄を塗り、粗塩を振り、ローズマリーの葉を散らして、200℃で余熱したオーブンで10分焼く。

一口メモ

ブランデーは魚介類を調理するときの臭い消しに使う。なければ白ワインでも。

December

スパゲッティ・ボロネーゼ リコッタチーズ添え

定番のボロネーゼに香り豊かなきのこの食感とうま味をプラスして、食べごたえのあるとびきりの味に仕上げます。

— **12月のパスタ** —

◆ 材料（1人分）

ロングパスタ（スパゲッティ）……………… 80g
オリーブオイル…………………………… 大さじ1
にんにく（みじん切り）……………………… ½片
ローズマリー……………………………… 5cm1本
マッシュルーム…………………………… 1個
エリンギ…………………………………… 1本
赤ワイン…………………………………… 大さじ1
ボロネーゼ（P134参照）…………………… 100cc
パスタのゆで汁…………………………… 適量
パルミジャーノ（パウダー）……………… 大さじ1
EXVオリーブオイル……………………… 適量
塩、黒こしょう…………………………… 各適量
リコッタチーズ…………………………… 大さじ1
パルミジャーノ（薄削り）………………… 適量

◆ 作り方

1　鍋にオリーブオイルとにんにく、ローズマリーを入れ、弱火で炒める。

2　にんにくがきつね色になったらローズマリーを取り出し、食べやすい大きさに切ったマッシュルームとエリンギを加え、塩少々振って炒める。

3　赤ワインを入れ、アルコールを飛ばしたら、ボロネーゼとパスタのゆで汁を加えて、軽く煮込む。

4　ゆで上がったパスタを加え、パルミジャーノとEXVオリーブオイルを加えてよく混ぜ合わせ、味をみて、塩で調味する。

5　器に盛り、リコッタチーズをのせ、削ったパルミジャーノを散らし、黒こしょうを振る。

ポイント

にんにくとローズマリーの香りが立ってきてからきのこを入れて、きのこに香りを移す。

きのこの香りも加わってから赤ワインを注ぎ入れ、中火でアルコールを飛ばす。

December

ボロネーゼ

ひき肉をトマトソースで煮込んだボロネーゼ。家庭の味、ミートソースとは別物のプロの味をしっかりマスターしましょう。

◆ 材料（約10人分）

〈肉の下ごしらえと調理〉
牛ひき肉、合いびき肉……………各250g
A ｜ ローズマリー、セージ、ナツメグ………………… 各小さじ1
 ｜ 黒こしょう……………………………少々
オリーブオイル……………………大さじ2
赤ワイン……………………………120cc

オリーブオイル……………………大さじ1
にんにく（みじん切り）………………1片
玉ねぎ（みじん切り）…………………1個
にんじん（みじん切り）……………½本
セロリ（みじん切り）…………………1本

トマトの水煮（缶詰）……………250g
フォン・ド・ヴォー…………………60cc
ブロード（コンソメでも可）………100cc
B 水……………………………………200cc
ブーケガルニ（パセリの軸3本、バジルの茎5本をガーゼで包み、ひもで巻いたもの）
………………………………………1個
塩、こしょう………………………各適量

ポイント

肉にドライハーブと香辛料をよく混ぜ込み、バットに平らに広げて、ラップをして冷蔵庫で5、6時間寝かせる。

香味野菜は、弱火でたえずかき混ぜながら焦がさないように、濃いあめ色になるまで炒める。

アクを取りながら、そして、水を少しずつ足しながらコトコト煮込むことが重要なポイント。

◆ 作り方

1 肉にAを加え、よく練ったらラップをしてひと晩冷蔵庫で寝かせておく。

2 鍋にオリーブオイル大さじ1とにんにくを入れ、弱火で炒める。

3 にんにくの色が変わったら、玉ねぎ、にんじん、セロリを加えて、弱火であめ色になるまで炒める。

4 別鍋にオリーブオイル大さじ2を入れ、肉を木じゃくしでほぐしながらポロポロの状態になるまで炒め、赤ワインを加えて、アルコールを飛ばす。

5 3と合わせ、Bを加えて、弱火で1時間半〜2時間くらい煮込む。

6 味をみて塩、こしょうで軽く調味する。

もっとおいしく！
もっと美しく！

今回紹介した60種類のパスタは
ポピュラーなものからちょっと珍しいもの
パパッと作れそうなものから
ちょっと気合いを入れて作って欲しいものまでありますが
目指したのは「家庭のパスタをもっとおいしく！」です。
レシピのちょっとした工夫だけでなく
いつもは市販品ですませているソースも
手作りしてみると、味が断然違います。
時間のあるときにぜひ、手作りしてみてください。
そして、「もっと美しく！」も料理に欠かせません。
盛りつけのヒントも紹介していますので
家庭でもぜひトライしてみてください！

時間があるときに作っておきたい
【 基本のソース 】

ガーリックソース

ジェノベーゼソース

トマトソース

パスタを上手にゆでたら、あとはソースにパパッとからめるだけ！
アレンジ自在な基本のソースを作っておけば、
いつでもカンタンにおいしい一皿のできあがりです。
組み合わせる素材によって、パスタメニューのレパートリーが広がります。

【 ガーリックソース 】

にんにくのみじん切りをオリーブオイルに漬けるだけ。
ガーリックの香りが移ったオリーブオイルは、仕上げに使ったり、
マリネやドレッシングに使ったり。冷暗所で2〜3ヵ月保存できます。

◆ 材料（数回で使い切れる量）

にんにく ·· 2〜3片
EXVオリーブオイル ························ 大さじ2

◆ 作り方

1 にんにくは皮をむき、芯を取り除き、細かくみじん切りにする。
2 1を瓶に入れ、EXVオリーブオイルをひたひたに入れ、冷暗所で保存する。

【 ジェノベーゼソース 】

バジルをたっぷり使ったジェノバ生まれのポピュラーなソース。
パスタ以外にも肉や魚のソースに使ったり、野菜を和えたり、
かくし味に使ったり、いろいろ活用できます。

◆ 材料（約5人分）

松の実 ·· 70g
にんにく ·· ½片
EXVオリーブオイル ························ 130cc
バジル ·· 50g
パルミジャーノ（パウダー） ················ 70g
塩、こしょう ·· 適量

◆ 作り方

1 松の実とにんにくにEXVオリーブオイルを少し加え、ミルサー（またはフードプロセッサー）にかけ、ペースト状にする。
2 バジルとEXVオリーブオイルを2回に分けて加え、再びミルサーにかける。
3 パルミジャーノを加え、さらにミルサーにかける。
4 ボウルに取り、氷水を張ったボウルを下に当てて冷やし、すぐ使わない場合は冷凍用保存袋に入れ、冷凍する。

【 トマトソース 】

野菜や肉、魚など合わせる素材を選ばないトマトソースはまさに
イタリアンの万能ソース。もちろん、そのままパスタにからめてもOK!
缶詰のホールトマトで作れます。

◆ 材料（約10人分）

ホールトマト（缶詰）	2.5kg
オリーブオイル	120cc
にんにく（薄切り）	2～3片
玉ねぎ（5mmの薄切り）	3個
塩	適量
ブーケガルニ（パセリの軸3本、バジルの茎5本をガーゼで包み、ひもで巻いたもの）	1個
ローリエ	1枚

◆ 作り方

1 ボウルにホールトマトを入れ、トマトをよくつぶしておく。

2 鍋にオリーブオイルとにんにくを入れ、弱火で炒める。

3 にんにくがきつね色になったら、玉ねぎを入れ、塩少々を振り、弱火のまま色はつけず、玉ねぎの甘みが出るまでじっくり炒める。

4 1のホールトマトを入れ、中火にかけ、煮立ったら、ブーケガルニを入れ、弱火で約2時間ほど煮込む。

5 こし器でこし、使わない分は、冷ましてから冷凍用保存袋に入れ、冷凍する。

＼あると便利！／

【 あさり汁 】

魚介のソースには欠かせないエッセンスです。

◆ 材料（作りやすい量）

あさり（砂出しする）	300g
白ワイン	30cc
水	300cc

◆ 作り方

1 熱した鍋に、あさりを入れ、白ワインを加え、アルコールが飛んだら水を注ぎ入れてフタをし、強火で加熱する。

2 あさりの口が開いたら、火を止めてそのまま冷まし、こし器でこす。

3 すぐ使う分は瓶に入れ、残りは冷凍用保存袋に入れ、冷凍する。

【 ガーリックパン粉 】

仕上げにパラパラ振って使うガーリックパン粉も便利です。

◆ 材料（作りやすい量）

パン粉	10g
にんにく（みじん切り）	小さじ½
オリーブオイル	小さじ1

◆ 作り方

1 鍋にオリーブオイルとにんにくを入れ、弱火で炒める。にんにくがきつね色になったらパン粉を加え、こんがり色づくまでよく混ぜながら炒め、キッチンペーパーを敷いた皿に移し、冷ます。

【 美しく盛りつける 】

料理は舌だけで味わうものではありません。
いくら味がよく、おいしい料理でも、
その盛りつけがごちゃごちゃしていては、
「食べたい!」というワクワクした気持ちはわいてきません。
おいしそうに見せる演出、それは盛りつけにあります。
本多シェフの美しい盛りつけの特徴は「立体感」です。
それは、パスタの盛りつけにも表れています。
お皿に広がった平面的なパスタと比べると、
違う料理かと思うほど、芸術的です。
パスタを立体的に盛りつけるコツを学べば、
いつものパスタも洗練されたプロの一皿に変わります。

ロングパスタは
皿の上に小さな山を作る

横から見るとお皿の上にパスタの小さな山が盛られ、てっぺんには主役の魚や肉、野菜、チーズがのっています。そして、上から見ると、かたつむりのようにらせんができていて、さまざまな具が顔をのぞかせています。

【 基本編 】

P132

1
トングでパスタを1/3くらいはさみ、皿の上にらせんを描くように丸くおく。

2
さらに*1*と同じくらいの量をトングではさんで、同じようにらせんを描きながら積み上げる。

3
残りのパスタを同じように積み上げ、鍋に残った具を上に盛る。

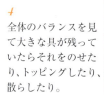

4
全体のバランスを見て大きな具が残っていたらそれをのせたり、トッピングしたり、散らしたり。

【 応用編 】

P68

1
最初のパスタを丸くおき、その上にスカンピをのせる。

2
その上にパスタ、スカンピと重ねていく。

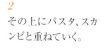

3
最後のパスタを盛り、鍋に残ったズッキーニを上にのせていく。多少こぼれ落ちてもOK。

4
バランスを見ながら、パスタの山を整えていく。

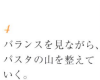

カッペリーニは
菜箸にくるくる巻いて

カッペリーニなど極細のパスタの盛りつけには、
トングよりも菜箸を使ったほうが
きれいに盛りつけられます。

P84

1 ボウルで具とソースを混ぜ合わせる。（細いパスタの場合、具と混ざりにくい）

2 菜箸でパスタをすくい取り、くるくる巻きつけていく。

3 皿の上に菜箸をまっすぐ立てる。

4 パスタを押さえながら巻口を指先で広げて、菜箸を抜き取る。

5 桃のスライスを上にのせていく。

6 バランスを見ながら、パスタの山の裾野にも桃をバランスよく配する。

リストランテ・ホンダのオリジナル
【 こだわりの逸品 】

本多シェフがプロデュースしたオリジナル商品を冷凍でお届け！
Webショップで購入できます。レストランの味をご家庭でお楽しみください。

問い合わせはP143下段の
電話番号およびホームページから

**自家製のサルシッチャと
田舎風パテが揃いました！**

パテドカンパーニュ(300g)

サルシッチャ4種
（プレーン、チョリソー、ガーリック、フェンネル）
各4本入り

わたりがにのソース(右)
いかすみソース(左)

**人気のパスタソース6種類にそれぞれに合うパスタが
1人分ずつセットされています！**

トマトソース(右)
いわしと
ういきょうのソース(左)

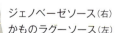

ジェノベーゼソース(右)
かものラグーソース(左)

**健康志向の高い方へ
低糖質パスタを
本格的手打ち麺で！**

手打ち低糖質パスタ

Profile

本多 哲也
Tetsuya Honda

1968年神奈川県小田原市生まれ。RISTORANTE Tullio、RISTORANTE SCALETTA勤務を経て、1997〜1999年イタリア、フランスの名店で修業を積んだのち、西麻布のアルポルトで副料理長を務める。2004年に独立し、東京・北青山にRISTORANTE HONDAをオープン。「ミシュランガイド東京」刊行以来、8年連続で星を獲得。TV、雑誌等で活躍中。

RISTORANTE HONDA
リストランテ ホンダ

シンプルでモダンな雰囲気のなかでゆっくり食事と会話を楽しむ大人の空間を演出。ランチもディナーも、前菜からデザートまでお好みで選べるプリフィックスコースと、シェフおまかせコースがある。

東京都港区北青山 2-12-35
タートルストーン青山ビル 1F
TEL 03-5414-3723
http://www.ristorantehonda.jp/

営業時間　Lunch　12:00〜14:00(LO)
　　　　　Dinner　18:00〜22:00(LO)
定休日　　月曜日(祝日等の場合は火曜日)

制作スタッフ

調理アシスタント	中村　望／岸谷純平／松本和久
	吉田利洋／彼ノ矢浩之／芝田篤哉／菰田真平

撮　影	南都礼子
スタイリング	地南　学
デザイン	菊池加奈
編　集	栗田孝子（未来空間）
校　正	未来空間

企画プロデュース　水谷和生

撮影協力　　株式会社フードライナー
　　　　　　http://www.foodliner.co.jp/

おいしいパスタづくり12ヶ月

2016年1月15日　初版第1刷発行

著　者　本多哲也（ほんだてつや）

発行者　原　雅久
発行所　株式会社朝日出版社
　　　　〒101-0065 東京都千代田区西神田3-3-5
　　　　電話 03-3263-3321
　　　　http://www.asahipress.com/
印刷・製本　図書印刷株式会社
編集担当　仁藤輝夫
　　　　　藤川恵理奈

©Honda Tetsuya/Mizutani Kazuo 2016 Printed in Japan
ISBN 978-4-255-00873-8

乱丁、落丁はお取り替えいたします。
無断で複写複製することは著作権の侵害になります。
定価はカバーに表示してあります。